歴史文化ライブラリー

410

旗本・御家人の就職事情

山本英貴

吉川弘文館

目　次

江戸幕府の人事政策——プロローグ

一例として、山川出版社『詳説日本史研究』（改訂版）をみると、

旗本・御家人とは

江戸時代の旗本と御家人は、将軍の直属の家臣であり、家禄が一万石未満の武士とされている。享保七年（一七二二）八月に実施された調査によると、旗本は五二〇五名、御家人は一万七三九九名を数えた（『甲子夜話』一）。彼らをわける差は、将軍に御目見できるかどうかにあり、できる者を旗本、できない者を御家人として区分した。

旗本と御家人は幕府より、地方知行あるいは蔵米知行という形で、家禄の支給をうけていた。地方知行とは、宛がわれた土地からの収益により、蔵米知行とは、春・夏・冬の三

季にわたって支給される米により、生計を立てることである。家禄は、日ごろ仕事をすることがなくても、支給され続けた。その代わり、戦時となれば将軍のもとへ集い、敵と戦うことになっていた。また平時においても、さまざまな職に就き、幕府のために働いた。

誰が旗本なのか

右のような理解に対し、まずは旗本について、江戸時代の史料からその存在を探ってみよう。旗本という表記について、『御触書寛保集成』と称される幕府の法令集をみると、幕府は寛永一二年（一六三五）一一月一〇日付で、一五ヵ条にわたる法令を出している（一二号）。そのなかに、旗本・奉公人からの御用や訴えは土井利隆など五名が月番で承る、という条文がある。旗本という用語が、江戸時代の初期から使用されていたことが確認できる。

しかし、幕府の法令集をみていくと、旗本という用語は法令において、使用される頻度が徐々に少なくなっていく。代わりに、私たちが旗本として認識している者たちは、「御目見以上」と表記されるようになった。その理由だが、実は幕府として、武士のどの層が旗本にあたるのか、厳密には定めていなかった。旗本の定義は、そのときどきの役人の見解により変わっていた。そのため法令において、旗本という用語を使用することは難しかったのであろう。

それでは、旗本という用語は具体的に、武士のどの層を指すのであろうか。武士の身分や格式などに詳しい職として、目付というものが存在する。他者からの問い合わせに対する目付の回答について整理した、問答集と称される史料には、旗本の区分に関わる史料が収録されている。

問答集によれば、目付は天明五年（一七八五）五月に、御城付より問い合わせをうけている。御城付とは、尾張・紀伊・水戸の御三家のみ、江戸城の本丸に置くことを許された家臣である。問い合わせは、御目見以上の武士はすべて旗本と理解すべきか、というものであった。これに対して目付は、御目見以上であっても「勤め向き」（＝勤めの様子、勤め先）によるのでわからない、と回答している（「諸心得留」八四号）。

さらに、文政八年（一八二五）八月には阿部鉄丸より、旗本とは御目見以上の者のことを指すのか、との問い合わせがあった。これに対して目付は、旗本とは一万石未満で番衆までの通称である、と回答している（「諸向問合御附札済之写」一四二号）。番衆とは、書院番や小姓組など将軍の警衛にあたった者のことを指す（なお、鉄丸は白河藩主の阿部正権の幼名だが、同人は文政六年一〇月に死去している。そのため、鉄丸は誤りであり、問い合わせをしたのは次の藩主である正篤であったと考えられる）。

目付の回答によれば、旗本＝一万石未満で御目見以上の者、という理解は成り立たないことが判明する。

御家人の家格

ついで、私たちが御家人として認識している者は、法令においては「御目見以下」と表記されることが多い。御家人という用語が、御目見以上・以下すべての者を指す場合があったからである。

さて、御家人については現在、家格というものが存在し、譜代・譜代準席・抱席の三つにわけられることが明らかにされている。彼らの待遇は家格により、次の違いがあったといわれている。

譜代と譜代準席の者は、旗本と同じく幕府から家督相続を認められ、家禄の支給をうけていた。無役のとき、譜代は小普請組、譜代準席は目付支配無役に編入されていた。旗本と御家人との違いを、将軍に御目見できるかどうかに求めるならば、通説としての御家人は、譜代と譜代準席の者を指している。

これに対して抱席は、留守居や江戸の町奉行といった各職の部下である与力や同心などに起用され、一代限りの御家人に列した者のことである。元来の身分は百姓や町人などであった。抱席の者は、家督相続を許されておらず、辞職と同時に扶持を離れ、御家人としての身分を失うことになる。譜代や譜代準席の者に比べ、不安定な立場にあった。

また、御家人が就ける職にも譜代・譜代準席・抱席の区分があり、基本的に家格と対応した。さらに、譜代や抱席といった家格は、先祖が初代家康から四代家綱に至り、どのような職を勤めていたか、という点で区分された。そして、五代綱吉以降に召し抱えられた者は、すべて抱席とされていた（「旗本・御家人」）。

直参をめぐる問答

また現在、旗本・御家人を総称する用語として、直参（じきさん）というものがある。江戸時代、実はこの用語も、その意味するところは判然としなかった。

寛政期（一七八九〜一八〇一）に活躍した役人で、坂部広高という者がいる。坂部は目付・大坂町奉行・江戸町奉行という要職を歴任した。坂部は目付であったとき、直参という言葉について疑問を抱いた。目付という職にある以上、大名あるいは他の役人から問い合わせがあれば、回答しなければならない。そのため、疑問に思ったことは解決しておく必要があった。これにより、坂部は寛政三年七月、若年寄の井伊直朗に次の伺書を提出した（「諸心得留」八二号）。

　大名・旗本・御家人について、これまで万石以上を大名といい、未満をすべて旗本といい、御目見以下を御家人というと思っていました。その一方で、「御家人」といえば万石以上・未満すべての者を指す場合もあると考えていました。しかし、直参という言葉があります。これは、「御家人」と同じ意味で使用するのでしょうか。同僚はもちろん、大目付にも聞いてみましたが、誰も知りません。このような疑問を持ったのは、江戸城中之口の湯呑所に、次の張り紙があったからです。

　湯呑所において手を洗ってはならない。直参の他、湯水を飲んではならない。

　この張り紙は、表坊主の組頭が張ったようです。彼らは、御目見以上の者だけに湯水を飲ませ、以下の者には飲ませない、と主張しています。

　なお、気になったので調べてみたところ、表坊主の誓詞前書（せいしまえがき）に、直参の者たちへ無礼を働いてはならない、という条文がありました。御目見以下の者には、至って軽輩の者もおりますが、なぜこのように記されたのか、色々とわかりません。直参という文字は重くみえるので、御目見以上までを指すとすべきでしょうか。または、御目見以下であっても、上下役（かみしも）までを指すとすべきでしょうか。抱席の御家人を除き、譜代の者までを指すとすべきでしょうか。その場合、与力や徒（かち）といった抱席の者でも勤められる職に、譜代の者が就いていることもあり支障が出ます。

以上のことから、直参というのは「御家人」に准じ、万石以上から牢屋下男の者までを指す言葉として使用すべきでしょうか。あるいは御目見以上の者までを指す言葉とすべきでしょうか、この点について定めておきたいと思います。

右の伺書によれば、表坊主の組頭たちは直参＝旗本と認識し、御家人たちが湯呑所で湯水を飲むことを認めていなかった。さらに表坊主の誓詞前書から、彼らが御家人を、無礼を働いてはならない存在から外していたことがわかる。

これに対し、坂部は直参という言葉に疑問を持ち、同僚および大目付に聞いてみた。しかし誰も、直参が武士のどの層までを指すのか、答えることはできなかった。大目付と目付がわからないのである。江戸城において勤務する者のなかで当時、直参という言葉の意味を理解する者は存在しなかったといえる。坂部が気づくまで、そのような言葉が江戸城において公然と使用され、機能していたのである。

さて、井伊は奥右筆（おくゆうひつ）の近藤孟卿を介して坂部に回答した。その内容は、①直参という言葉は、御目見以上の者に適用すべきである、②しかし御家人の者たちは、自身も直参であると考えている、③直参の意味を厳密に定めたら、御家人の幕府への心証が悪くなってしまうので、これまで通りとする、というものである（「諸心得留」八二一号）。井伊は、直参の意味を明確にしたら支障が出るとの考えから、あえて明言を避けたといえる。

本書の目的

これまで述べてきたように、旗本や直参という用語には江戸時代、厳密な定義づけがなされていなかった。若年寄の井伊直朗が示したように、曖昧なままにしておいた方がよいことも、世の中には存在したのである。

その一方で、私たちは現在、旗本や直参という用語を定義づけ、共通の理解のもと使用している。そうしなければ、他者と議論を戦わせ、研究を深化させることなど不可能だからである。

なお、旗本や御家人についての定義は、江戸時代のある時期を切り取って、そのときの両者の実態から作られている。しかしその実態は、いつごろ確立されたのか。御家人を例にとれば、家格は江戸時代の初期から存在したわけではない。幕府という組織の変容に応じて、徐々に形成されていったのである。

さて、幕府は旗本や御家人という存在について、明確な定義づけはしなかった。その要因として、旗本は旗本、御家人は御家人のなかで、時期を経るごとに、それぞれ区分けされていった点があげられる。さらに、幕府が旗本や御家人のなかに区分を設けたのは、彼らを就職させるためであった。

江戸時代、旗本・御家人は幕府の職に就き、各々の能力に応じて出世していった。しかし、出世の糸口をつかむための就職について、その枠は彼らの人数よりも少なかった。そのため、日ごろから職に就けない旗本・御家人が存在した。なかには、一生を通じて就職できない者もいた。そのような状況において、幕府は家禄の多い者から就職させていくことはしなかった。すなわち職ごとに、どれくらいの家禄の者が就くべきか、その大枠を定めていく。それに応じて、旗本や御家人という身分のなかに、家格など幾つかの区分を設けている。同時に、各人の意欲を維持するため、区分を飛び越えていくための仕組みも整備していくのである。

本書では、幕府が旗本や御家人を職に就かせるため、その仕組みを作っていく過程を跡づける。さらに、仕組みが作られていくなかで悪習などが生じ、それらを改善しようとした者がいる。一方で、そのさなかに自身の立身出世を図った者もいる。本書では、それら当時を生きた武士たちにも着目し、あわせて検討していきたい。

本書の構成

最後に、本書の構成について簡単に触れておきたい。

「就職難の始まり」と「移りゆく人事政策」の章は、幕府が出した人事に関わる法令を通史的に検討したものである。

「就職難の始まり」では、五代将軍綱吉より九代家重までの、幕府の人事政策について取り上げている。綱吉・六代家宣・八代吉宗は、それぞれ藩主時代の家臣団を旗本・御家人として編入した。これにより、幕臣の数は増加したが、それに見合う就職口は設けられなかった。結果として、職に就けない幕臣が増加した。ここでは、幕府がこの問題にどのように対応していったのか、その状況について検討している。

「移りゆく人事政策」では、田沼意次と松平定信が政権担当者であった時期を中心に、幕府の人事政策について論じている。意次が担当者であったときの幕府は、幕府の利益になりそうな意見を述べる者ほど、出世させる傾向にあった。これに対し、定信が担当者であったときの幕府は、人材登用策として機能するはずの足高の制が、人材登用を阻む障害になっている現状に直面していた。そのような状況を打開するため、定信は多くの法令を出している。ここでは、なかでも「永々　御目見以上」の申し渡しと「引き下げ勤め」について定めた家格令に着目する。そして、同令は発令後、どのように運用されていったのか、あわせて検討している。

以上のように、幕府の人事制度が整備されていくなか、それとダイレクトに関わる者たちは、どのような反応を示したのか。「組織を改革した男」と「立身出世を目指した男たち」の章は、この問題をとある旗本に着目して検討したものである。

「組織を改革した男」では、小普請組の組頭を勤める森山孝盛（もりやまたかもり）について取り上げた。孝盛は、定信が寛政の改革を開始したことをうけて、定信や上司である小普請組支配へ、さまざまな献策を行っていく。「移りゆく人事政策」において扱った足高の制についての弊害も、孝盛の意見により発覚・改善されたといえる。ここでは、幕府の人事政策は上からの強制だけではなく、下からの意見をくみ取りつつ進められていったことを示している。

「立身出世を目指した男たち」では、甲府勤番（こうふきんばん）の堀内氏有（ほりのうちうじあり）が起こした詐欺事件を取り上げた。甲府から江戸への返り咲きと立身出世を狙う氏有は、最初、甲斐国内の湯之奥（ゆのおく）金山の開発に着手し、ついで貸金業への参入を図ろうとした。彼が、これらの事業を展開したのは、天明・寛政期（一七八一～一八〇一）における旗本・御家人の状況などを、勘案してのものであった。ここでは、氏有の金山開発および貸金業の運営方法から、その状況について検討する。

また、「一つの職に異なる存在」は、闕所物奉行（けつしょものぶぎょう）の手代を素材として、御家人が勤める職について検討したものである。手代（てだい）は最初、抱席の家格を持つ御家人が勤める職であった。それが、延享四年（一七四七）三月に出された法令により、譜代と抱席の者とが一緒に勤める職になった。これにより、どのような問題が起きるのか。手代が辞職する際の手続などから検討を試みる。

就職難の始まり

増加する幕臣たち

綱吉家臣の幕臣化

　四代将軍家綱は、延宝七年（一六七九）の冬ごろから病気がちで、翌年三月には病状が悪化した。その後は、病状が回復と悪化を繰り返したこともあり、家綱は五月六日、江戸城に館林（たてばやし）藩主の徳川綱吉を呼び出し、養嗣子にするとの上意を示した。そして、館林藩は綱吉の嫡子徳松に相続させ、領知と家臣は徳松に付けると伝えている。これにより、綱吉は翌日、江戸屋敷の神田御殿より江戸城の二の丸御殿に入った。準備ができ次第、そこから西の丸御殿に移る予定であったが、八日に家綱の病状が悪化し、そのまま死去した。

七月一〇日、綱吉は二の丸御殿より本丸御殿に移った。八月二三日には将軍宣下の儀式を執り行い、五代将軍に就任した。この時期、綱吉は、藩主時代からの家臣を幕臣に取り立てている。しかしその数は、牧野成貞や柳沢吉保など数十名にとどまった。

一一月二七日、館林藩主の徳松は将軍綱吉の継嗣に選ばれ、西の丸御殿に入った。このとき徳松は、藩主としての地位を解かれなかったので、館林の家臣らも西の丸御殿に移っている。しかし天和三年（一六八三）閏五月二八日、徳松が死去した。これにより、徳松付の家臣らは六月一九日、幕臣団に編入されることとなった。その数は、旗本に取り立てられた者が五二八名、御家人に編入された者が二〇〇〇名近く、といわれている（深井雅海『綱吉と吉宗』）。

譜代化を狙う者

このような幕臣の急増に、敏感に反応したのが御家人たちであった。以下、御徒と八王子千人同心の例からみていこう。

御徒組とは、将軍の行列に従って周囲を警戒すること、江戸城内の番所に詰めて将軍の警固にあたること、などを職務とした組織である。御徒組は、徒頭を筆頭に徒組頭、御徒と編成されていた。次に取り上げる小屋頭は、徒組頭が御徒を円滑に動かせるようにするため、御徒のなかから選ばれたまとめ役であった。

元禄八年（一六九五）、小屋頭は徒頭に、自身らを譜代の御家人にしてくれるようにと

図1　御徒組の組織図

願い出た。これに対して徒頭は、要求は「立ち難き願い」（＝無理な願い）として取り上げなかった。そうしたところ、徒頭金田正則組の小屋頭瀬戸八郎左衛門など八名は暇を願い出た。

八名としては、自身らの要求を通すため、右の行為におよんだのであろう。しかしその行為は、譜代の御家人にしてくれないのであれば小屋頭（＝御徒）は勤める価値がない、と主張するのと同じである。幕府は八名の行為を、幕府の御用（＝御徒の職務）を軽視する「重々不届き」な態度として解釈した。

これにより、七月二二日、町奉行能勢頼相は自宅において、同役川口宗恒および目付の安藤次行・山口直重が立ち会いのもと、小屋頭八名とその子供たち一二名に処分を申し渡した。処分の内容は、小屋頭が流罪（るざい）、その子供たちが重追放（じゅうついほう）（一五歳以下の者は、年齢に至るまで親類預け）と、いずれも厳しいものであった。

さらに、処分の対象は右だけにとどまらなかった。小屋頭の子供で、他家へ養子に出されていた者が三名いる。そのうち、瀬戸の子であった安右衛門は、松本藩主水野忠直の家来相安大夫の養子になっていた。老中の阿部正武は自宅に水野家の家来を呼び出し、忠直より直接、安右衛門に追放を申し付けるように指示している。同様に、関宿藩主牧野成貞の小姓となっていた瀬戸の子浅之助、浜松藩主青山忠重の家来岡田惣兵衛の養子となっていた小屋頭平間貞右衛門の子神谷伝五郎も、追放に処せられている（「秘録」一〇）。

ついで八王子千人同心だが、甲州口の警備と治安維持を目的として、武蔵国多摩郡八王子とその周辺に集住した御家人のことである。鑓奉行の支配のもと、千人頭、組頭、同心と組織され、頭以下が八王子を中心に在住した。

組頭の塩野適斎（一七七五～一八四七）が記した「桑都日記」によれば、同心は元禄一二年、同一三年、宝永三年（一七〇六）の三度、幕府に対して譜代の御家人になりたいと願い出ている。宝永三年を最後に願い出がみられないのは、それが認められたからではない。

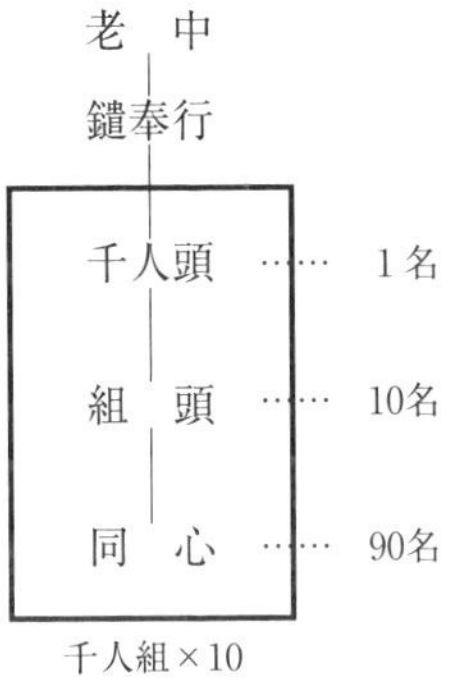

図２　八王子千人組の組織図

宝永三年、千人頭荻原友清組の同心五六名は協議のうえ、幕府に、譜代の御家人にしてほしいとの願書を提出することにした。そのため五六名は、荻原の制止を聞かず、徒党を組んで八王子より江戸へ向かった。そして鑓奉行に、願書を提出している。これに対して鑓奉行は、「立ち難き願い」と返答したが、五六名は納得しなかった。

この事件を知った幕府は、五六名の行為を「重々不届き」と判断し、二月一五日に同心四八名、一九日に同心八名を処分した。申し渡しは両日ともに、町奉行坪内定鑑が自宅において、同役の丹羽長守と松野助義および目付長崎元勝が立ち会いのもと行った。その内容は、同心たちの頭取を務めた丸山治大夫など五名、および願書に最初に名を連ねた渡辺平蔵・西尾文平は重追放、不届きな願い出を行った永井喜大夫など四九名は追放、というものである（「柳営日次記」宝永三年二月一五・一九日の両条）。

御家人の家格意識

御徒と八王子千人同心が譜代の御家人になりたいと願い出た理由について、幕臣団の拡大と御家人の家格形成の問題から検討してみよう。

最初に、御家人の家格についてだが、大まかにいえば譜代と抱席とにわけられる。両者は、先祖が四代家綱までの間に、どのような職を勤めたかにより区分された。そして、五代綱吉以降に召し抱えられた者は、すべて抱席として扱われた（「旗本・御家人」）。この説明から、幕府は家綱までと綱吉からで明確な差を設けていること、家綱までを区切りとしており、差が設けられたのは綱吉期以降であること、がわかる。

家綱期までを基準としたのは、綱吉が将軍家を相続し、自身の家中を幕臣団に編入したからであろう。それにより、幕臣の数は増大し、家綱期までに召し抱えられた者と、綱吉期からの者とをわける必要が出てきた。その際に用いられたのが、譜代と抱席という区分である。なお、区分自体はいつからあったのか、その始まりはわからない。しかし確実に、綱吉期以前より存在した。それを家格として定めようとし始めたのが、綱吉期からと思われる。

また、譜代と抱席という区分を家格として定める際、問題となるのが、先祖が四代家綱までの間に、どのような職を勤めたか、という点である。この基準では、たとえ家綱期までに召し抱えられた者であっても、抱席として位置づけられる可能性があった。

御徒と千人同心の願い出は、幕府が御家人の家格というものを定めようとするなか、自身らは譜代であることを認めてもらうための行為であった。しかし幕府として、その行為を容認すれば、家格を定める権利を御家人に渡したことになる。それを防ぐため、また他から同様の願い出があることを防ぐため、幕府は御徒と千人同心に対し、厳しい処分を申し渡したのであろう。

正徳三年令

甲府藩主の徳川綱豊は宝永元年一二月五日、五代将軍綱吉の養嗣子となり、江戸屋敷の桜田御殿より江戸城西の丸御殿に移った。このとき綱豊は、甲府藩士を幕臣団に編入した。その数は、旗本がおよそ七八〇名といわれている（深井雅海『綱吉と吉宗』）。これに対し、御家人はどれほど編入されたのか、正確な人数はわからない。しかし、甲府藩士より御家人に編入され、その後、旗本に昇進した家が一六九家ほど存在する（小川恭一『徳川幕府の昇進制度』）。このことから、御家人として編入された甲府藩士も、かなりの人数にのぼったと考えられる。

正徳二年（一七一二）一〇月一三日、六代将軍家宣（綱豊）が死去し、その子鍋松が将軍家を相続することになった。ただし、鍋松は四歳の幼児であったため、将軍宣下は翌年に延期された。すなわち、まず一二月一八日に代替わりの御礼が行われ、二五日に従二位権大納言に叙任、家継と称することになった。ついで翌年の三月一六日に元服、四月二日に将軍宣下をうけ、七代将軍となったのである（『徳川諸家系譜』一）。

正徳三年七月、家継政権は各職の支配頭に対し、与力・同心などの抱え入れ（＝抱席の御家人にすること）について法令を出した。その内容は、次の通りである（『御触書寛保集成』一〇二四号）。

諸組の与力・同心・手代などに空きがあったとき、贔屓により人を抱え入れる。あるいは財貨を欲しがって「番代り」（＝仕事の代行）させ、組付の者となっているけれども、本来、扶持など貰うべき筋目にない者がいると聞いている。支配頭に任じられたとき、誓詞にも与力などには「慥か成る者」を選ぶと書いているのに、不吟味である。今後、筋目にない者など抱え入れていたならば、詮議のうえ支配頭の落ち度とするので、承知しておきなさい。

支配頭とは、与力・同心などの上司のことを指し、頭支配・組支配とも呼ばれた。この用語は特定の職を指すのではなく、江戸の町奉行であれば、与力・同心の上司である町奉行が該当した。

綱吉・家宣期に、館林・甲府の両藩士が幕臣団に編入され、旗本・御家人の人数が増大した。しかし、旗本・御家人ともに、人数増に見合うだけの就職先が新設されることはなかった。その結果、職に就いていない御家人が増加したのは確実である。そのような現状を知りつつ、頭支配は、贔屓や金品の獲得を目的として、与力や同心などに、扶持を貰うべき筋目にない者を起用していた。この点を問題視して、家継期の幕府は右の法令を出したのであろう。

なお、正徳三年令はその後、文化三年（一八〇六）三月と天保七年（一八三六）二月にも出されている（『御触書天保集成』五二九三号・五三九四号）。すなわちこの法令は、御家人を抱え入れるうえでの基本法として位置づけられるのである。

徳川吉宗の就職対策

正徳六年（享保元、一七一六）四月晦日、七代将軍家継が八歳で死去した。これにより、紀州藩主の徳川吉宗が将軍家を相続することになった。吉宗は同日、六代将軍家宣の遺命により江戸城二の丸に入った。このとき、有馬氏倫や加納久通など九六名の紀州藩士を幕臣団に編入している。

紀州藩士の幕臣化

なお、吉宗は八代将軍への就任にあたり、従弟の西条（さいじょう）藩主松平頼致に紀州藩を相続させている。そのため、五代綱吉・六代家宣のときと違い、紀州藩士の幕臣化は一部にとどまった。幕臣として取り立てられたのは二〇五名、うち一一四名が旗本である。さらに、幕臣団への編入は、正徳六年四月から享保一〇年（一七二五）一二月にかけて、徐々に行われていった（深井雅海『綱吉と吉宗』）。

享保三年令

吉宗政権は、幕臣団の拡大に対応するため、まずは御家人の家格と就職の問題について着手した。享保三年二月付で出された、次の法令をみてみよう（『御触書寛保集成』一〇二九号）。

譜代の御家人でない者は、譜代の者が勤める場所へ行き、勤めても、今後は譜代の御家人にはならないので、そのことを心得ておきなさい。

享保三年令について、裏を返せば、譜代の御家人でない者（＝抱席の者）は従来、譜代の者が勤める職に就き、譜代の御家人になっていた。幕臣団の拡大により、ただでさえ職に就いていない（＝活用できていない）者が多くいるなか、譜代の御家人を増やすのは止めようというのが、この法令の趣旨であった。これにより、譜代の御家人が就くべき職は以後、譜代と抱席の者とが一緒に勤めるようになったのである。

ただし、享保三年令には問題点もあった。すなわち、譜代の者が勤める場所があるならば、抱席の者が勤める場所も存在した。譜代の者が勤める場所へ行き、譜代へと昇格できたのは、抱席の者が勤める場所で努力し、結果を残した者であった。そのような昇格ルートがあればこそ、抱席の者は頑張れるのである。この法令は、抱席の者から仕事に対する意欲を奪ってしまった。

御譜代同意

右のような事態に対処するため、幕府は享保七年六月、組支配の者へ次の指示を出した（『御触書寛保集成』九九〇号）。

御目見以下で元来、譜代でない者（＝抱席の者）は、取り立てという形で役替えを仰せ付けられた場合、譜代の者と同じく跡目など認められていた。しかし今後、抱席の者はどのような職に就こうとも、とくに「御譜代同意」に召し仕えなさいとの申し渡しがないうちは、跡目は相続できない。

譜代と抱席の御家人の違いは、幕府より家督相続を認められているかどうか、という点

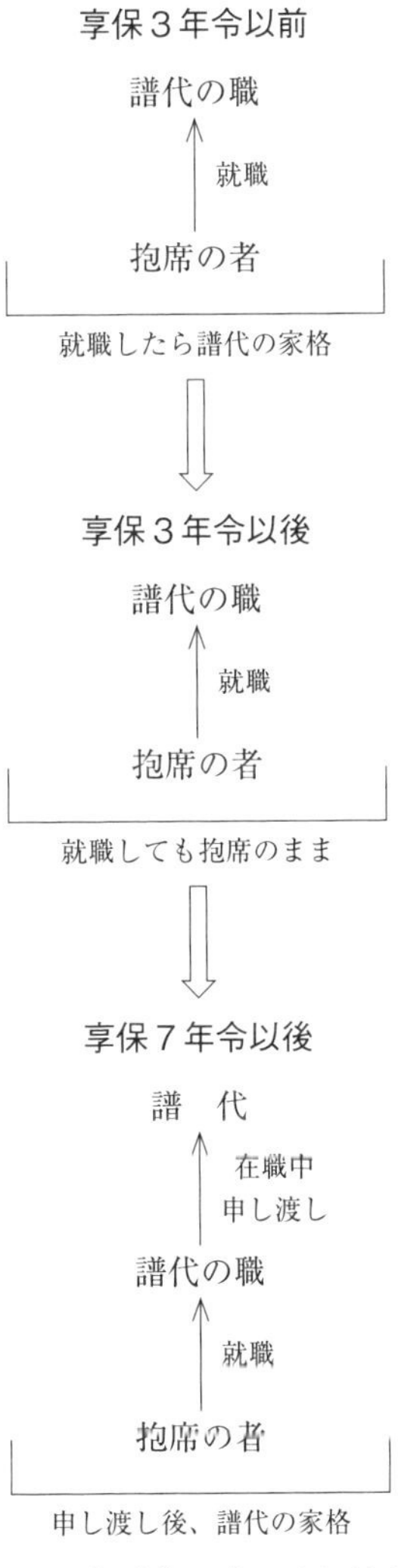

図３　御譜代同意の申し渡し

にある。これを念頭に置けば、①幕府の職に抱え入れられ、抱席の者となった者が役替えする先は、譜代の者が勤める職であり、②それで従来は譜代の者になれたが、以後、なることはできないと定めたのが享保三年令であった、といえる。

これに対して享保七年令は、譜代の御家人が勤める職に移り、そこで幕府から「御譜代同意」の申し渡しをうければ、譜代の者として扱うとしている。享保三・七年の両法令をみる限り、幕府は、御家人の抱席より譜代への昇格は規制すべきだが、昇格の可能性を残すことで、抱席の者の職務への意欲を維持しようとしたのであろう。

抱え入れの問題

百姓や町人から抱席の御家人になるには、幕府の職に抱え入れられる必要がある。吉宗期には、その抱え入れをめぐって、正徳三年令で指摘された他、次のような問題が生じていた。

最初に、享保四年五月五日付の法令をみると、以前に辞職した与力や同心に、再雇用される者がいたようである。法令では、抱え入れを希望しながら職に就けない者が数年来いるので、辞職者の再雇用は止めるように定めている（「憲教類典」二）。

辞職者が再雇用されるのは、職務上の経験を有するからであろうが、それこそ採用を決める頭支配の贔屓なども関係した。しかし、そもそも再雇用を禁止した程度で、職に就けない者で溢れている状態が解消されるはずもない。慢性的な抱え入れ不足は、新たな問題を引き起こしていた。そのことを示すのが、幕府が寛保元年（一七四一）五月付で頭支配に出した、次の法令である（『御触書寛保集成』一〇四八号）。

与力・同心たちの忰または親類のうちに、「番代り」（＝仕事の代行）を希望する者がいて、勤めさせている。そのとき、「番代り」する者から「親方」（＝「番代り」させている者）へ、合力（ごうりき）（＝米銭などの扶助）するのはよろしきことである。しかしながら、「番代り」とは幕府の御用を勤めることであり、「親方」は「番代り」する者から過分の合力をうけてはならない。それにもかかわらず、「番代り」する者へ合力の多少を言い募る「親方」、あるいは「親方」の遺言状をもとに合力のことで申し立てをする者がいる。そのことを聞いた場合、与力・同心たちの頭は、「番代り」する者が合力すべき員数（いんずう）を定め、申し付けなさい。員数の基準は、養育すべき「親方」とその家族の人数、および「番代り」した職の分限（ぶんげん）に応じて決めること。

法令から読み取れる問題として、まず、現職の与力や同心が自身の親族に、仕事の「番代り」をさせている点があげられる。すなわち、現職者の身内であれば、採用にあたり身元は申し分ない。しかも当人の職歴をみれば、仕事を「番代り」したことがある。そのような者がいれば当然、優先的に抱え入れられるであろう。しかしそれは、特定の家が特定の職を世襲的に相続する、という事態を引き起こすことになる。結果として、職に就けない者の減少＝抱え入れ不足の解消、には至らないのである。

次の問題だが、与力・同心が自身の「番代り」をする忰や親類に対し、合力の増額を要求したとは考えにくい。増額を要求したのは、就職のため「番代り」を希望する者に対してであったと思われる。すなわち、職歴を付けられる「番代り」は、抱え入れ先の不足により、就職に際してのステップになっていた。そのような状況が、「番代り」を希望する者を大量に生み出し、与力・同心が「番代り」させる者を選べるようにした。これにより、合力の額に不満があれば、「番代り」させている者に対し、増額を要求することなども容易になったのであろう。

御家人調査

御家人の家格を定めようとしたのが、五代将軍綱吉のときからとすれば、それはどのように行われたのか。その参考になるものとして、享保四年六月付の法令があげられる（『御触書寛保集成』一〇三三号）。法令によれば、幕府は頭支配に対し、部下に御目見以下の者（＝御家人）がいる場合、その者の親類書にもとづいて、次の三点を調査・報告するように指示している。

①　御目見以下の部下の名前と高

②　部下の家は、どの将軍のときに抱え入れられたのか、その年月日

③　部下の先祖は幕府に対し、どのような奉公をしていたか

前述した御徒と八王子千人同心の行動をみる限り、これ以前にも類似の調査は行われていたであろう。それらと今回の報告書により、幕府は、各職を勤める御家人たちの実態を把握した。そして、この職は家禄の多い・少ない、由緒ある・新参の者が多く勤めているなど判断し、家格を定めるときの参考にしたと考えられる。

旗本への昇進規制　吉宗政権は、旗本の就職難に対処するため、御家人より旗本への昇進を規制した。そのことを示すのが、享保一八年一二月付で出された、次の法令である（『御触書寛保集成』一〇四四号）。

これまで「御入り人」（＝人材の補充）のとき、御目見以上の場所へ御目見以下の者も、場合により書き出していた。しかし今後、御目見以下の者を御目見以上の場所へ書き出すのは無用である。

御目見以上の場所は旗本が就くべき職、御目見以下の者は御家人、とりわけ譜代の者のことを指す。この法令を読み解くのにあたり、寛政三年（一七九一）一二月付の法令を参

照してみたい。そこには、旗本が勤めるべき職に就いた譜代の者は以後、旗本として扱ってきた、という趣旨の条文がある（『御触書天保集成』五四五六号）。すなわち、旗本が就くべき職に譜代の者を推薦するのは止めさせる、というのは、御家人より旗本への昇進を規制するのと同じであった。

ただし、注意すべきなのは、享保一八年令が御家人より旗本への昇進を、すべて禁止したわけではない、という点である。勘定所において散見される経路だが、支配勘定という譜代の御家人が勤める職に就き、そこで功績をあげれば、勘定に昇任できる。勘定は、旗本が勤める職のため、旗本になれる、という算段である。

要するに御家人は、譜代の者が勤める職で活躍すれば、旗本が就くべき職に昇任することができた。享保一八年令が規制したのは、譜代の者が勤める職での下積みなく、いきなり旗本が就くべき職に譜代の者を推薦する、ことであった。この法令は、旗本の増大に見合った職が設けられず、無役の旗本が多く存在したため、出されたのであろう。

区分される御家人

家重期の就職問題

延享二年（一七四五）九月朔日（ついたち）、八代将軍吉宗は嫡子の家重に、将軍職を譲るとの上意を示した。これにより、家重は二五日、江戸城西の丸より本丸へ移り、上様と称するようになった。そして、一〇月一日に代替わりの御礼、一一月二日に将軍宣下の儀式を執り行い、九代将軍に就任した（『徳川諸家系譜』一）。

家重の政治は、隠居して大御所となった吉宗の後見のもと行われた。その体制は、吉宗が亡くなる寛延四年（宝暦元、一七五一）六月二〇日まで続いた。

人事政策のうち、家重が最初に着手したのは、譜代の御家人の就職問題であった。この点につき、吉宗期の御家人政策を総括すれば、次の三点にまとめることができる。

①　幕府の職への抱え入れを希望する者が多くいるため、辞職者の再雇用を禁止
②　御家人の抱席より譜代への昇格を制限
③　旗本が就くべき職に、無役の御家人（＝譜代）を推薦することを禁止

①と②について、抱え入れ先から譜代の者が就くべき職に昇任しても、幕府より「御譜代同意」の申し渡しがない限り、その者が譜代に昇格することはなくなった。しかしそれでも、抱席の者が、譜代の者が就くべき職に昇任することは規制されていない。

一方、譜代の者は③により、旗本に昇進するためには、譜代の者が就くべき職において功績を残す必要があった。それにはまず、譜代の者あるいは抱え入れ先からの昇任を狙う抱席の者たちと、就職をめぐり競い合わなければならなかった。抱席の者はともかく、譜代の者同士で争う場合、当然ながら職歴のある方が有利となる。

延享四年令　家重政権はいかにして、譜代の者に就業機会を与えたのか。頭支配に延享四年三月付で出された、次の法令からみてみよう（『御触書宝暦集成』八二二号）。

①　諸組の与力・同心、その他、軽き者（中間・小人・黒鍬の者など）として抱え入れた者（＝抱席）たちが、他の職への立身などを果たしたとする。その空きには今

後、小普請の者（＝譜代）を「御入（おい）り人」（＝人材の補充）させること。

② 抱席の御家人などで、自身の死後、妻子らの「片付け方」もなく、難儀しそうな者は検討のうえ、そのことを頭支配に申し出よ。もっとも、厄介などの扶養者を持たない抱席の者の空きには、譜代の者を「御入り人」させること。

③ 抱席の御家人が暇文（いとまぶみ）（＝辞職願）を提出し、生じた空きには、譜代の者を「御入り人」させること。

④ 中間・小人（＝抱席）などから、譜代の者が就くべき職に昇任した者がいる。その者たちが病気などで仕事ができないとき、これまで当人一代は小普請に入れていた。しかし今後は、譜代の者が勤める職にいても、抱席の者は小普請に入れず、暇を申し渡し、その空きには譜代の者を「御入り人」させること。

⑤ 頭支配より部下の者たちへ、右の①〜④について承知し、そのときに応じて頭支配へ伺いを立てるように、と通知すること。

右から幕府は譜代の御家人に、抱席の者が勤める職への就任を許可することで、その就業機会を拡大した。そして、譜代の者が就くべき職には、可能な限り譜代の者を起用しようとしている。

なお、延享四年令が出された理由として、抱席の者が就くべき職に、譜代の者を起用すれば、無役の譜代が減少する。さらに、譜代の家数増加を抑止でき、家禄の支給額を増加させずに済む、という点が考えられる。また、この法令を画期として、御家人が就くべき職は譜代・抱席ともに、譜代と抱席の者とが一緒に勤めるようになったのである。

家格認定

これまで、幕府が御家人の家格を定めようとしたのは、綱吉期からと指摘してきた。それでは、家格というものは最終的に、どのようにして認定されるのか。目付の稲生正英と松前一広が宝暦五年（一七五五）九月付で作成した上中書を取り上げ、この点について検討してみよう（「憲教類典」二）。

　　御譜代幷に御抱場所書付
前々御譜代と相定め、取り扱い来り候場所、左の通り御座候、
　御留守居四組与力同心　御留守居番五組与力同心（中略）
右場所え　権現様　台徳院様　大猷院様　厳有院様　御四代の内、右場所相勤め候得ば、御譜代の者と下ヶ札仕り候、尤も、右　御代より末　御代に御召し抱え、前書の場所相勤め候とも、其の分は御抱え入れの者と下札仕り候、
　但し、前書場所々の内にも、当時は御譜代の者と御抱え入れの者と入り交じり御

座候（後略）、

上申書は、譜代・譜代準席・抱席の家格について記した部分からなる。およそ同様の形式が続くため、掲示するのは譜代の部分のみとした。また表1は、上申書に記載される譜代・譜代準席・抱席の各職について整理したものである。中略した部分は、表1の三〜一九に該当する。譜代の部分を参考に、上申書の内容を要約すれば、次の通りである。

① 先祖が権現様（＝家康）より厳有院様（＝家綱）に至る四代のうちに、留守居四組の与力・同心を始め、表1に記載される一〜一九の職のいずれかを勤めていれば、御家人としての家格は譜代とする。同様に、先祖が四代までに、西丸留守居支配の者を始めとする、二〇〜三二の職のいずれかを勤めていれば、譜代準席として認定する。

② 綱吉以降に抱え入れられた者は、①の各職を勤めても、家格は抱席とする。これにより、①の各職は現在、譜代あるいは譜代準席と抱席の者とが入り交じって勤めている。

③ たとえ家康に抱え入れられた者であっても、家として表1に記載される三三〜六四の職しか勤めたことがなければ、抱席とする。遠国（おんごく）において抱え入れられた者、表1に記載されない職を勤める者なども同様である。

表1　譜代・譜代準席・抱席の就職先一覧

番号	家格	職名
一	譜代	御留守居四組　与力・同心
二		御留守居番五組　与力・同心
三		百人組四組之内　根来組・星野組　与力・同心
四		御本丸御裏門番六組　同心
五		御天守下番
六		富士見御宝蔵下番
七		進物取扱下番　同心
八		御女中様附伊賀者
九		明屋敷番伊賀者
一〇		御鷹匠同心
一一		二丸御留守居支配　同心・小人
一二		御台所番人
一三		御鉄炮玉薬奉行　同心
一四		御作事方定普請　同心
一五		御中間
一六		御小人
一七		御駕籠之者

上申書の検討　上申書においてて注目すべき点としてまず、譜代に関わる説明の冒頭「前々御譜代と相定め、取り扱い来り候場所」という記載があげられる。幕府は留守居四組の与力・同心などを、上申書が作成される以前より、譜代の者が勤めるべき職として定めていた。この決定は、前述した享保四年（一七一九）の御家人調査の結果などにもとづき行われたのであろう。さらに、「御譜代の者と下ヶ札仕り候」と

一八		黒鍬之者
一九		御掃除之者
二〇	譜代準席	西丸御留守居支配之者
二一		西丸御裏門番　与力・同心
二二		御台所小間遣
二三		御賄六尺
二四		御膳奉行支配御台所石之番
二五		御本丸・西丸・奥・表坊主幷奥六尺とも
二六		御本丸・西丸　御露次之者　表六尺
二七		御数寄屋坊主幷御露次之者
二八		御金奉行元方・払方共　同心
二九		二丸奥・表坊主幷［判読不能］
三〇		向々御女中様御侍幷書役
三一		向々御女中様　御小人・御下男・仕丁
三二		向々御女中様六尺幷小遣之者
三三	抱席	大番　与力・同心
三四		御書院番　与力・同心
三五		御旗奉行　与力・同心
三六		御鑓奉行　同心
三七		百人組四組之内弐組　与力・同心

の記載から、御家人の家格は目付により認定されていたことがわかる。

　まとめると、幕府は御家人調査を実施して、各職を勤める御家人それぞれの高や先祖の功績などを把握した。そのうえで、留守居四組の与力・同心は譜代の者、西丸留守居支配の者は譜代準席の者が勤めるべき職など、職と家格とを対応させていった。目付はその成果にもとづいて、先祖が家康より家綱に至る四代のうちに、譜代の者が就くべき

番号	家格	職名
三八	抱席	御持組　与力・同心
三九		御先手組　与力・同心
四〇		御鉄炮方　与力・同心
四一		御船手　同心
四二		火消役　与力・同心
四三		西丸切手御門番　同心
四四		切支丹役　与力・同心
四五		道中方　与力・同心　当時支配無御座候
四六		町奉行　与力・同心
四七		御弓矢鑓奉行　同心
四八		御具足奉行　同心
四九		御幕奉行　同心・中間
五〇		御切米手形改　同心
五一		御書物奉行　同心
五二		御蔵奉行　手代・御蔵番・小揚之者
五三		御材木石奉行　手代・同心
五四		御畳奉行　手代・六尺
五五		闕所物奉行　手代
五六		植木奉行　同心

職を勤めていれば、御家人としての家格は譜代などと認定していったと考えられる。

右の他、上中書の要約③には、表1に記載されない職を勤める御家人の家格はすべて抱席、という記載がある。この点につき、表1に掲示した職と宝暦五年の「武鑑」（『江戸幕府役職武鑑編年集成』一一）に記される職の数とを比べると、表1の方が少ない。表1に記載される御家人が就職できる職は、全体の一部にすぎなかった。

五七		御細工所　同心
五八		評定所番　同心
五九		吹上奉行支配之者
六〇		浜御殿奉行支配之者
六一		御鉄炮御箪笥奉行　同心
六二		伝奏屋敷番　同心
六三		小普請方支配之者
六四		御納戸元払方　同心

注　この表は、「憲教類典」により作成した。職名の表記だが、適宜スペースを入れたり、中黒を補うなどしたが、基本的に史料に従った。

それでは、要約③の記載はどのように理解すべきか。上申書は、御家人の家格を認定する文書のなかでは、末期に作成されたものと思われる。すなわち、御家人の家格を認定する作業は綱吉期より開始され、その都度、上申書と同様のものが作成されていた。宝暦五年の上申書は、それらの成果を反映したものであり、作成された時点で、多くの御家人は家格が定まっていた。そのため上申書には、要約③のことが記載されたのであろう。

家格の形成

目付が御家人の家格を認定するのにあたり、参考にしたのは、職と家格との関係であった。この点につき、目付の稲生正英と松前一広は宝暦七年一二月付で、老中の堀田正亮（まさすけ）に書付を提出した。書付には、抱席の者が勤める職として扱ってきた西丸切手（きって）門番の同心だが、今後、譜代の者が勤める職として扱うようにとの指示、承知しました、と記されている。職と家格との対応は、変更される場合があった。

以上のことから、幕府は五代綱吉のときから、御家人の家格を定め始めた。その作業は、綱吉・六代家宣・八代吉宗による藩士の幕臣団への編入、といった動きとも関連し、徐々に行われていった。そして、宝暦五年の上申書をみる限り、家格の認定は九代家重の治世において、ようやく完了したと考えられる。

移りゆく人事政策

幕府の利益が第一

田沼意次の来歴

元来、紀州藩士を勤めていた田沼家は意行（おきゆき）のとき、紀州藩主より将軍家を相続した徳川吉宗に付いて江戸へ出て、旗本となった。意行は享保元年（一七一六）六月、八代将軍吉宗の小姓（こしょう）となり、蔵米三〇〇俵を与えられた。享保一八年九月には加増されて六〇〇石を知行するようになり、同一九年八月からは小納戸（こなんど）の頭取を勤めた。

田沼意次（おきつぐ）は享保四年、意行の嫡男として江戸で生まれた。意次は享保一七年七月、一四歳で吉宗に御目見（おめみえ）し、同一九年三月に将軍世子家重の小姓となった。翌年三月には意行が死去し、その跡を継いでいる。

図4　田沼意次

意行・意次親子が勤めた小姓・小納戸とは、将軍およびその世子の側近くに仕え、身の回りの世話などをした職のことである。両職を勤める者は、将軍と密接な関係にあり、ときに破格の出世を遂げることがあった。その一人が意次であり、意次は九代家重のもとで小姓より、御用取次見習を兼帯しつつ小姓組番頭格、同番頭へと昇任し、宝暦元年（一七五一）七月には御用取次の職に就いた。これに応じて領知の方も加増されていき、六〇〇石の旗本であった意次は同八年九月、遂に一万石の大名となっている。

なお、意次の来歴において着目すべきは、家重が宝暦一〇年五月に隠居し、家治の代になっても、幕府の中枢に留まり続けたことである。将軍の信任を背景として、幕政を動かした者についてみれば、柳沢吉保は五代綱吉の死去とともに、大老の職を辞している。間部詮房と新井白石の両名は、六代家宣・七代家継の二代にわたり権勢をふるったが、これは家継が五歳で将軍職に就いたからである。両名は吉宗が将軍になると、すぐさま免職になっている。

これに対して意次は、一〇代家治のもとでも側用人、老中格と昇任し、安永元年（一七七二）正月に老中となった。そして、家治死去の直前の天明六年（一七八六）八月二七日まで、老中を勤めている。この間、領知は七度にわたって加増され、同五年正月の時点で五万七〇〇〇石に到達した（『新訂寛政重修諸家譜』一八）。

また、意次が家治の代になっても幕府の中枢に留まれた要因として、家重の遺教があげられる。遺教は、家重が大病になったとき家治に、意次は「またうと」（＝正直者、律儀者）であり、今後も大切に召し使うように伝えた、というものである。これにより、意次は家治にも重用されたのであろう（『徳川実紀』一〇）。

研究史上、田沼意次が幕府政治を動かした時期のことを、田沼時代と呼ぶ。そして、意次が幕政の実権を握り始めた時期については、次のように二通りの考え方が存在した。

田沼時代とは

一は、宝暦八年以降の幕府は意次が差配していたという説である。この考えは、意次が同年に起こった美濃郡上一揆（みのぐじょういっき）の審理に加わり、結審までの過程を主導したこと、秋田藩の内願を受け入れ、阿仁（あに）銅山の上知令（あげちれい）（一七六四年）撤回に尽力したこと、などの事実を根拠とする。

二は、意次が幕政の実権を握ったのは天明元年（一七八一）以降とする説である。この理解は、意次より先任の老中である松平武元が安永八年七月に、松平輝高が天明元年九月に死去したこと、それにともない最古参となった松平康福は、娘を意次の嫡子意知に嫁がせていたこと、など意次の人的関係を理由とする。

この両説をうけて、近年では田沼時代のうち、宝暦八年より安永九年までを意次が幕政を主導した前期、天明元年から同六年八月までを意次が幕政の全権を掌握した後期、として理解しようとの見解が出されている（藤田覚『田沼意次』）。

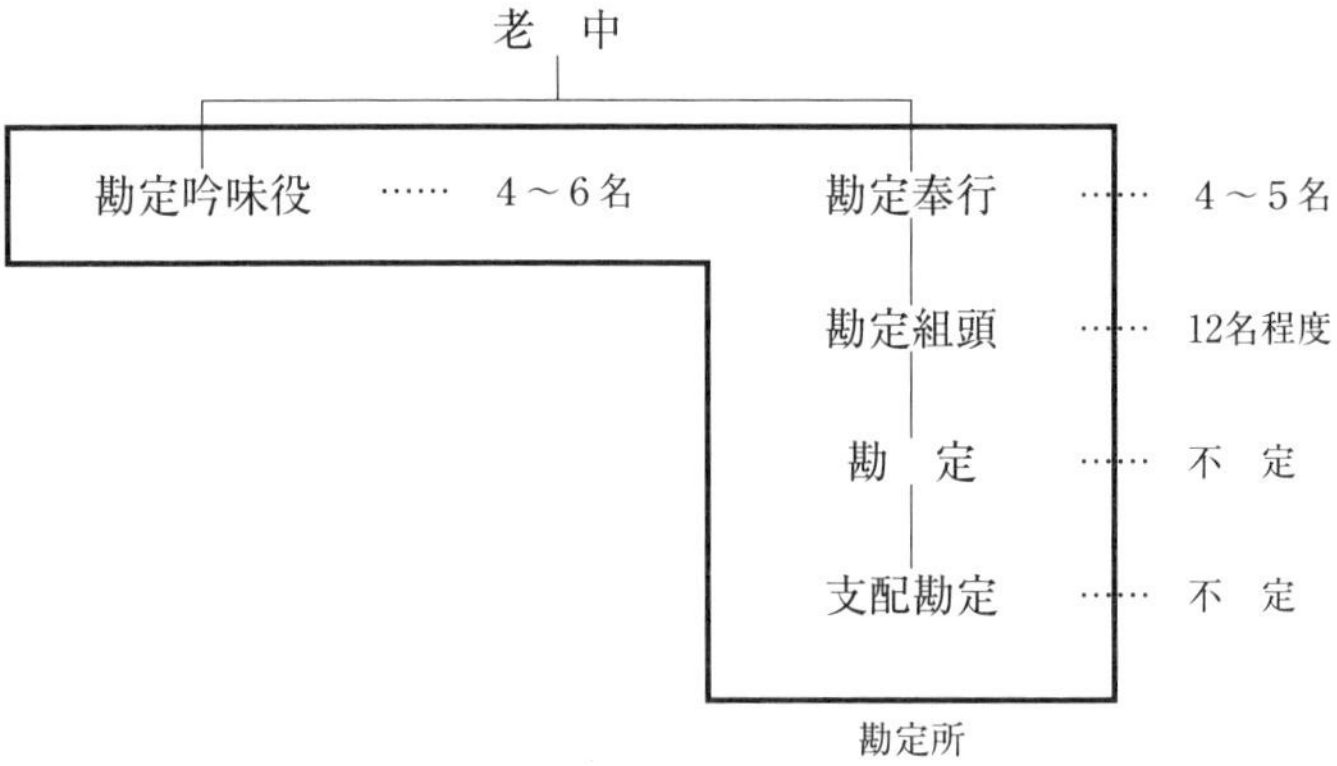

図5　勘定所の組織図

経済政策と勘定所

田沼時代の後期には、①下総(しもうさ)国印旛沼(いんばぬま)の干拓工事、②大坂豪商より大名への御用金貸付、③ロシア貿易と蝦夷(えぞ)地(ち)開発、④全国から御用金を集め、大坂に大名への貸付会所を設置する、などの経済政策が実施あるいは検討された。

このような大規模な政策を展開していくうえで、中心的な役割を果たしたのが勘定所であった。勘定所は、勘定奉行を筆頭に勘定吟味役、勘定組頭、勘定、支配勘定により構成された。奉行より勘定までは旗本、支配勘定は譜代の御家人が勤める職であった。勘定所の特色として、幕府財政を運営していくための能力を重視し、他職と異なり、御家人を出自とする者が何人も奉行に就いていることがあげられる。

たとえば、田沼時代の前半期を支えた小野一吉は、御家人が勤める徒目付より勘定に昇任し、旗本となった。そして、代官、勘定吟味役を経て、宝暦一二年六月より勘定奉行を勤めた。同じく後半期を支えた松本秀持も、御家人が勤める天守番より勘定になった。その後も勘定組頭、勘定吟味役と昇任をかさね、安永八年四月より勘定奉行を勤めている（『新訂寛政重修諸家譜』六・二〇）。

小野・松本の両名を始め田沼時代の諸役人は、幕府の利益になりそうな政策を上申・実施することで昇任していた。しかしその政策は、必ずしも長期的な展望に立ったものではなく、次のような問題を引き起こしていた。

勘定奉行への注意

最初に、明和二年（一七六五）三月の老中より勘定奉行への申し渡しをみてみたい（『御触書天明集成』一八八〇号）。

① 幕府の利益になりそうなことを思い付き、勘定所に願い出る者がいる。本来、その願い出は吟味のうえ、老中に上申すべきである。しかし、幕府への奉公にもなるのではないかと、将来のことを考えず、上申する場合がある。老中は、勘定奉行からの伺いは他職からのものと違い、調べが行き届いていると考え、書面上のみで許可してしまうこともある。

②　幕府の利益になりそうな政策について、勘定奉行に尋ねることがある。そのとき答えてほしいのは、それは上手くいくかどうか、それを採用すれば今後、各方面に悪影響が出るかどうか、という点である。これに対して勘定奉行は、老中からの申し出という理由で手心を加え、吟味を尽くさず返答することがある。その結果、後で取り計らいに支障が出るかもしれない。また、実行した政策を撤回することになったのは、勘定奉行がその場の事情のみで回答してきたからである。

③　老中に政策を上申する、あるいはその諮問に答えるときであっても、取り飾ることなく将来を考え、良いか悪いかを判断しなさい。さらに、幕府の利益になると申し立てる者の言い分に乗り、不用意な取り計らいをしてはならない。

右から老中は、勘定奉行より上申される政策や諮問に対する奉行の回答に、信頼を寄せていた。しかし、奉行のもとで実際に政策を審査あるいは立案する諸役人の対応は、必ずしも適切とはいえなかった。その結果、幕府は自ら失政であることを示す、実行した政策の撤回という事態に陥る場合があった。

役人の出世事情　天明六年閏一〇月五日、田沼意次は幕府より、二万石の領知収公と差(さし)控(ひかえ)（＝自宅謹慎）を申し渡された。この直後、会津藩は御三家に、五項目にわたる意見書を提出しようとした（『会津藩家世実紀』一二）。

意見書のうち第一項には、近年は新規の過役として、以前には存在しなかった運上などが取り立てられ、四民は難渋している、とある。ついで第二項には、幕府の下級役人が自身の立身出世のため、将来の見込みが立っていないにもかかわらず、幕府の利益になると政策を上申していること、それにともない遠国の津々浦々にまで見分の者が派遣され、住民の負担になっていること、が記されている。

要するに、田沼時代の諸役人は、幕府の利益になりそうな政策を上申し、それが一時的であれ上手くいけば、出世できていた。このような風潮が、勘定所の役人を甘い話に飛びつかせ、実施した政策を撤回しなければならない事態を招いたのであろう。

出世の実例

寛政三年（一七九一）八月一三日、老中の松平定信は勘定奉行に、勘定の青山喜内を解任し、御目見以下の小普請入りと押込（＝閉門して自宅で謹慎すること）を申し渡すように指示を出した。勘定は旗本が勤める職、御目見以下の小普請は譜代の御家人が編入される場所である。青山は武士としての身分を、旗本より譜代の御家人へと引き下げられたことになる。

このような厳しい処分に至った理由として、青山が田沼家の家老を勤めた井上伊織の親

図6　松平定信（南湖神社所蔵）

類であった点が考えられる（「よしの冊子」二）。すなわち、定信は自己の正当性を世に示し、改革政治を実行していくにあたり、前政権の田沼意次とその一派を処分した。青山への厳罰は、これに連座するものであろう。そのように理解すると、次に取り上げる青山の罪状には、同人を厳罰に処するため多少の誇張が含まれているかもしれない。しかしその内容は、田沼時代における役人の出世のあり方をよく示している。

譜代の御家人であった青山は、広敷添番に在職中、自身の費用で甲州（＝山梨県）へ新田開発のための見分に赴いた。そして、天明五年には幕府に、巨摩郡二七ヵ村に存在する見取場空地を新田として高入れするように上申した。広敷添番とは、広敷番頭の指揮のもと大奥広敷に詰め、警備や出入する人々の点検などを行った職である。新田開発の見分は、その職務の範囲に含まれない。また見取場は、土地の反別だけを測って石高を付けず、作柄に応じて毎年の年貢高を定めた耕地のことである。

天明六年、上申を認められて勘定に昇任した青山は当該地の新田検地を担当し、反別一一四町歩・高三二〇石余を高入れすることに成功した。しかし、それから寛政三年八月に至るまで、同所において作付けが行われた形跡はなく、村方は高役のみ掛かって難渋していた。この件につき百姓は、当該地を新田として高入れするなど難しいと思ったが、青山の調べに文句もいえず納得した、同所は現在、林畑あるいは荒地になっている、と主張している。これに対する青山の主張は、新田の調べ方などよく理解していないが、勘定所に勧めたかったので、開発の永続性など考慮せずに上申した、というものである。

両者の主張にもとづき幕府は、①青山は、新田の調べ方を理解していないにもかかわらず、甲州へ見分に赴き開発を主張した、②それは、自身の立身出世を目的としたものであり、百姓のことを考えず新田を高入れしたのは、勘定の役柄として不相応である、との見解に至った。そのため幕府は、前述した厳しい処分を青山に下したのである（「江戸幕府日記」寛政三年八月一三日条）。

人物重視への回帰

田沼意次の失脚

田沼意次が推進した種々の経済政策は行き詰まりをみせ、天明六年（一七八六）八月二四日、貸金会所を設立するための全国御用金令、大和金峰山の開発、下総国印旛沼の干拓工事が同時に中止された。その翌日、危篤状態にあった一〇代将軍家治が死去した（公式発表は九月八日）。

意次は、自身を小姓から老中にまで引き上げた家治の死去をうけ、二七日に老中を辞職した。政策の失敗に対する責任をとった形だが、一一代将軍家斉の実父一橋治済や御三家の、意次への追及が止まることはなかった。すなわち、一橋治済などは、かつて意次と姻戚関係にあり、その失脚と同時に縁を切った老中の水野忠友や松平康福などに圧力をかけた。そして閏一〇月五日、幕府として意次に、二万石の領知没収および大坂蔵屋敷と神田橋の上屋敷の返上、謹慎を申し渡すように仕向けている。また同日、蝦夷地の開発案などを上申し、意次の経済政策を担っていた勘定奉行の松本秀持も、罷免と二五〇石の知行地没収、小普請入りを申し渡された（藤田覚『田沼時代』）。

改革政治の始まり

一橋治済は天明六年一二月二四日付で、水戸の徳川治保に書状を出した。書状には、世上の風儀が悪くなり、利欲を専らとする風潮にあること、幕府の利益になるとして、民に新規の運上を課し、その心を幕府より離したこと、などが記されている（菊地謙二郎「松平定信入閣事情」）。この書状は、白河藩主の松平定信を老中に就け、田沼政治からの転換を図るために記された。

なお、一橋治済や徳川治保の後押しはあるものの、田沼意次の失脚後、すぐさま定信が老中に就くことはなかった。田沼への処罰には応じたが、これまで田沼を中核に政権を維持してきた者たちが定信の老中就任を拒んだからである。これにより、幕府内部では、定信を老中に就けようとする勢力と、それに抵抗する旧田沼派とでも呼ぶべき勢力とで政争が繰り広げられることになった。

一方、天明六年七月、関東・陸奥地方では大洪水が発生し、諸国は大凶作に陥った。そのため九月、幕府は諸国に酒造米高の減石を指示したが、それだけでは到底、米価の高騰を防ぐことはできない。さらに、政争にともなう政治的空白が、米価高騰に対する矢継ぎ早の手段を講じる機会を損なわせた。その結果、翌年五月、江戸・大坂を始め全国の都市部において打ちこわしが頻発した。

この社会的混乱を治め、幕府政治を立て直すことを期待され、定信は天明七年六月一九日、老中首座となる。その定信がまず実行したのは、田沼意次を追罰し、田沼政治の終わりを世間に周知させることであった。すなわち、定信は一〇月二日、田沼の在職中の不正を将軍家斉が知ったこと、先代将軍家治も病気中に田沼の不正を知り、処罰を指示していたこと、の二点を理由として、田沼に処分を申し渡した。それは、二万七〇〇〇石の領知没収と隠居・謹慎という厳罰であった（藤田覚『田沼時代』）。

田沼への処分後、定信は「寛政の改革」と総称される数々の政策を実施した。以下、そのなかでも旗本と御家人の就職問題について取り上げてみよう。

小普請組改革

幕府の職に就いていない旗本・御家人のうち、三〇〇〇石未満の者は小普請に編入された。その小普請を支配したのが、小普請組支配である。同職は上司として、各職に欠員が生じた際、そこに小普請を送り込むことを職務とした。

小普請組という、小普請組支配を頭とする組織については後述するが、老中の松平定信は小普請組支配に、天明八年の八月と一二月に指示を出している。

最初に、一二月の指示についてみてみよう。それは、これまで御役御免や御番不相応との理由で小普請に入れられた者につき、その者が再び就職したいと願っても、小普請組支配は推薦しないようにとの旨、享保五年（一七二〇）に通達した。しかし今後、上記の理由で小普請に入れられた者であっても、年数が経って素行や人柄が改善し、芸術などにも出精しているのであれば、それを含めて推薦せよ。もっとも、改善理由などについても報告すること、というものであった（「憲教類典」二）。

御役御免や御番不相応とは、素行あるいは能力上の問題などにより、職を辞めさせられることである。享保五年の指示が出される以前、幕府は、綱吉・家宣・吉宗が将軍家を相続し、それぞれ家臣を幕臣団に編入した。それにともない、旗本・御家人の数は急増したが、彼らを受け入れるための職は新設されなかった。その結果、職に就けない旗本・御家人が大量に発生した。このような状況であったので、幕府は、無能という烙印を押された者を再度、起用するのは止めるように通知した。言い換えれば、これまで職に就いたことのない者たちに、就業の機会を与えようとしたのが、享保五年の指示であった。

ただ、職に就けない旗本・御家人と就職先との割合は、右の指示が出されたからといって、すぐに改善されるような問題ではない。加えて定信は、人は年数を経ることで人柄なども変化する、との考えを持っていたのであろう。そのため、出世コースから外れた者は二度と起用しない、という方針を、該当者のその後の努力次第で、再チャレンジの機会を与えるように変更した。一二月の指示は、一度レールから外れてしまった者が、そのままやる気を失わせていく現状を改善したい、という考えから出されたといえる。

幕府人事の問題点

順序が逆になってしまったが、つづいて天明八年八月の指示について取り上げる（『憲教類典』二）。この指示は、松平定信が老中に就いたときの、幕府の人事政策の問題点を如実に表している。その全容は、次の通りである。

① 小普請組支配は各職に、器量・人柄の叶う者を「御入り人（おいりびと）」（＝後任）や「御用人」（＝有用な人）として推薦し、良き人材を埋もれさせないことを職務とする。諸役人それぞれにおいて、器量・技術の叶う者などが起用されるのは、このうえないことである。この点につき、小普請組支配は上司として、人材登用を行っていくのが重要だが、人物を見誤らないことこそ第一である。

② これまで、御目見以下（＝御家人）であっても就職にあたり足高を必要とする者は、

何となく推薦しないようになり、部下でもそのように考えている者がいる。

③　取り立てられた者の後任に、非常に少給の者などは、足高がなければとても推薦できない。これにより、該当者は出世の道が塞がったかのように思い、自然と文武のたしなみや平生の行動が不行届きになっている。

④　今後、足高が必要な者であっても、素行や人柄が非常に良く、その職に相応しい器量や技術などがあるならば、幾人であっても報告せよ。この旨は部下の者へも申し聞かせ、部下が相互に出精するように世話しなさい。

⑤　小普請組支配にとっての勤功は、部下から幕府の御用に立つ者を多く出すことである。今後は、人材が埋もれることなく、しかも人柄の良い者を多く出すように心掛け、世話すること。

右から法令は、小普請組支配について記した①と⑤、足高の制について記した②〜④からなることがわかる。まずは、後者の問題について考えてみよう。

足高の制とは

享保八年六月、八代将軍吉宗は足高の制と称される俸禄制度を採用した。その仕組みだが、職ごとに就任するのに必要な基準高を設け、その職に任じられた者の家禄が基準高に満たなければ、在職中に限り不足分を幕府が支給する、というものである。たとえば、家禄五〇〇石の旗本が基準高三〇〇〇石の大目付に就けば、在職中、二五〇〇石の足高をうけられた。

一般的に、幕府は足高の採用により、有能な人材の家禄を増加させずに、要職に起用することが可能になった。足高は、享保の改革の一環として定められた幕府の人材登用策である、と理解されている。

能力よりも家禄

それが、松平定信が老中になったとき、足高は少給の者が就職するうえで障害となっていた。その理由として、小普請組の組織について概略すれば、天明八年における組数は一二、各組は小普請組支配一名と組頭二名、その下に配属された小普請からなる。この組織は各職に、次の手順で小普請を送り込んでいた。

最初に、ある職において欠員が出たことが、小普請組支配のもとへ一報される。同支配は組頭を通じて、組下の小普請に欠員が出たことを通知する。そして、組頭を通じて当該職への就職希望者を把握し、そこから一名を選んで老中に推薦した。これにより、老中は該当者を起用するわけだが、小普請組は一二組ある。そのため老中のもとには、最大で一二名の小普請が推薦されることになる。

なお、小普請組支配には傾向として、新番頭や使番といった番方の職を勤める者が起用され、彼らは番方の最高位にある小姓組番頭、あるいは大目付や御三卿家老といった役方の職へ昇任した（『柳営補任』二）。昇任するためには、同支配として勤功を積まなければならない。それには、同僚よりも適任者を推薦し、老中に起用される必要があった。

一方、老中からすれば、推薦された者のなかから一名を選ぶことになるが、その判断は困難であった。なぜなら、小普請組支配が推薦する以上、その者の能力は当該職を勤めるうえで、いずれも支障はないと考えられる。老中としては、そのなかから候補者を消去法で外していくことになるが、そこで理由にしたのが足高であった。

すなわち、誰を選んでも仕事ができるのであれば、当然、採用しても足高を支給せずにすむ者が選ばれる。その方が、幕府の財政的にも負担を軽減できるからである。そのような事情を把握すればこそ、小普請組支配を勤める者は当該職に、能力よりも採用されたときに足高が必要か否かを重視して、人材を推薦した。そうしなければ、同僚が推薦する者に勝つことができず、自身の出世も望めなかった。それが結果として、能力にかかわらず足高を必要とする者は職に就くのが難しい、という状況を生み出していた。

延享四年令の運用

右に続いて、老中の松平定信が取り上げたのは、延享四年（一七四七）令に関わる問題であった。前述したように同令は、譜代の御家人が、抱席（かかえせき）の者が勤めるべき職に就くことを許可している。同令は発令後、どのように運用されていたのか、まずはこの点について確認しておきたい。

最初に、幕府が宝暦一〇年（一七六〇）三月付で出した法令をみると、黒鍬（くろくわ）の者、掃除の者、中間、小人の各職を勤める者が転出した場合、後任は延享四年令に従って、小普請より「御入り人」するはずであった。しかし小普請のなかに、相応の者が存在しないとの理由で、各職ともに後任が補充されず、次第に欠員が多くなっていった。そのため、黒鍬の者を始め、それぞれ現職者の忰が当該職に一斉雇用されることになった。その数は、黒鍬の者が一五名、掃除の者が八名、中間が二七名、小人が一二名にのぼる（『御触書天明集成』一八五四号）。

同様の事態は、諸組の与力・同心においても確認することができる。明和二年（一七六五）八月付で出された法令によると、上記の職に小普請を「御入り人」させようにも、相応の者が存在しない、あるいは「御入り人」させても、仕事を十分にこなせない、などの問題が起こっていた。したがって上司の者に、現職者の忰であっても、当該職への出精を心掛けているのであれば、欠員の補充者として願い出てもよいとしている（『御触書天明集成』一八八五号）。

このように、延享四年令の運用は、必ずしも順調とはいえなかった。

これをうけて、老中の松平定信は寛政元年（一七八九）五月付で、次の法令を出している（『御触書天保集成』五四五一号）。

適用範囲の拡大

抱席の御家人が勤めるべき諸組の与力と同心において、該当者が立身あるいは出奔（しゅっぽん）などして空きができる。その場合、これまでは部屋住の者（＝嫡男で未だ家督を相続していない者）を仮抱え入れしていた。それを今後、仮抱え入れは、仮抱え入れをしている者の席でのみ行う。立身などにより生じた空席には、譜代の御家人を「御入り人」させること。

ただし、暇を申し渡された、あるいは病死した者などで、扶養すべき者を持たないとする。そういった者の後任には、格別の勤続年数を誇る者の忰であり、かつ年ごろも相応の者を仮抱え入れするので、該当者がいれば願い出ること。

さらに、定信は寛政三年三月付で町奉行に指示を出している。その内容は、①延享四年令が出された際、町奉行は幕府に対し、配下の与力と同心および牢番同心については、同令に関係なく仕来り通りに雇用したいと願い出て、認められている、②しかし今後は、同令に従うこと、というものである（『御触書天保集成』五一七五号）。

以上を要約すれば、定信は、これまで延享四年令の対象外であった職にまで、適用の範囲を広げている。定信が同令の運用にこだわったのは、御家人を起用するための基本方針として理解していたからであろう。

減禄制の導入

ところで、小浜藩は、世減（せげん）制と称される相続制度を採用していた。世減制とは、父親よりも家禄を減らし、家督を相続させるというものである（藤井讓治『幕藩領主の権力構造』）。類似の制度は、諸藩においても確認できる。老中の松平定信は、それを減禄と称し、幕府の人事制度に導入した。

最初に減禄制が適用されたのは、寄合医師である。半井（なからい）・今大路の両典薬頭（てんやくのかみ）を筆頭とする幕府の医師団において、寄合医師は、平日は登城せずに不時に備える存在であった。若年寄の安藤信成が寛政元年四月付で寄合医師に出した指示によると、減禄制の対象になったのは、医業に等閑で慎みのない者である。しかし、そのような者たちであっても、減禄は可能な限り抑え、しかも出精すれば、いずれは父親と同じ家禄に戻すとしている。これは減禄の趣旨が、等閑に対する懲罰というよりも、不時に備える＝無勤という状況にある寄合医師たちに、平時も医業に取り組むように心掛けさせることにあったからであろう（「憲教類典」五）。

ついで減禄制が適用されたのは、抱席の御家人が勤めるべき与力に就いている、同席の者たちである。寛政元年六月、幕府は該当者を部下に持つ者たちへ、次の指示を出している（『御触書天保集成』五一三三号）。

① とりわけ長く与力を続けている家の者、特別な由緒を持つ者、武芸や学問に秀でた者などで、人柄に申し分なければ、励みのため譜代の御家人に取り立てる。

② ①により該当者の家禄が一〇〇俵以上になった場合、本人はそのままだが、息子の代より一〇〇俵に減禄する。ただし、譜代の御家人が勤めるべき与力などへ組み替えとなった場合、減禄にはならない。

抱席の御家人を譜代に昇格させると、その者の家に家禄を支給することになり、幕府として支出が増加する。一方、支出を懸念して昇格を抑えると、職務に対する該当者たちの意欲を減退させてしまう。この二つの問題に対処するため、定信は減禄制を導入したと考えられる。

さて、以上みてきたように定信は、老中に就くとともに、旗本・御家人の人事についてさまざまな法令を出している。その積み重ねが、次の家格令として結実する。

家格令とは

寛政三年一二月一四日、老中の松平定信は、旗本の身分と就職に関わる法令（＝以下、家格令と表記する）を出した。家格令は、定信自身が後に「御新制の事にて事大造（たいぞう）なるが、衆評一決のうえその御内定めも一々出来侍（はべ）りて、かくは仰せ出されし也（なり）」と回顧するように、幕府内において慎重に評議されたうえ定められた（「宇下人言」）。その内容は、当時の人々にとって、旗本という存在に対する認識を一変させるものであった。したがって、家格令は研究史的にも着目されてきた。

なかでも、高澤憲治氏はこの法令を家格令として紹介し、それが発令された背景について検討するとともに、定信が勘定所役人の統制に家格令を用いていた点を指摘した（『松平定信政権と寛政改革』）。さらに、小川恭一氏は、幕府が家格令をどのように運用していたのか、その実態を明らかにされている（『徳川幕府の昇進制度』）。

さて、少し前置きが長くなったが、以下、両氏の成果に学びつつ家格令について取り上げる。具体的には、家格令の全文を検討することにより、両氏が触れていない点にも論及していきたい。

家格令の全文

家格令の全文は次の通りであり、それは小普請組支配および部下を有する各職に通達された（『御触書天保集成』五四五六号）。

第一条　御目見以下（＝御家人）より以後、旗本に取り立てられた者について、その者の孫には躑躅の間において家督相続を仰せ付ける。もっとも、孫には御家人が勤める職を申し付けること。

ただし取り立て後、勤続年数や勤功が格別あるいは勤める職の役柄などにより、当人かその息子に「永々　御目見以上」（＝孫の代以降も旗本待遇）を申し渡す場合がある。この申し渡しのない限り、該当者には第一条を適用する。

第二条　この法令以前に、御家人より旗本へ取り立てられた者については、もちろん孫の代以降も旗本として取り扱う。

第三条　今後、職業（＝医師・儒者など）で御目見以下より以上に取り立てられた者について、その者の息子には躑躅の間において家督相続を仰せ付ける。息子には、御目見以下の職業を申し付けること。

ただし、年数・勤功など格別な者には「永々　御目見以上」（＝息子の代以降も御目見以上の待遇）を申し渡す。

第四条　職業でも最初から御目見以上に召し出された者は、取り立てとは別である。

第五条　天守番と富士見宝蔵番（＝ともに譜代の御家人が勤める職）は古くからある

職であり、菊の間において家督相続を仰せ付けられる旗本からも、場合により起用する。もっとも該当者には、将軍への御目見ならびに家督相続や下賜品の申し渡しなどであっても、すべて「持格」（＝本来の格式）の通りに仰せ付けること。

第六条　菊の間において家督相続を仰せ付けられる旗本のなかにも、家禄が少ないなどの理由で自然と就職が稀になっている者が存在する。今後、いずれの職であっても勤めたい者がいれば、御目見以下で上下格（かみしも）の役柄などへは修行として、「持格」を保持した状態で一時的に起用する。

第七条　躑躅の間において家督相続を仰せ付けられる御家人のなかにも、いずれの職であっても勤めたい者がいれば、役上下または羽織格（＝ともに御家人の格式）の職であっても、相応の役柄には「持格」を保持した状態で一時的に起用する。

なお、家格令にみられる躑躅の間と菊の間について、ともに江戸城における幕臣たちの控席になる。天明七年六月付で出された席順によると、菊の間の方が躑躅の間よりも格式が高い（『御触書天保集成』三号）。菊の間は大名と旗本、躑躅の間は旗本と御家人が混在する控席であった。

家格令を読むと、第一～四条までの御家人について述べた前半部と、第五～七条までの旗本について述べた後半部とにわけられる。そして、この前半・後半それぞれの部分につき、幕府は寛政三年一二月付で法令を出し、補足の説明を加えている。

永々　御目見以上

その理由だが、第一～四条までは、御目見以下から以上に取り立てられた家も、幕府より「永々　御目見以上」との申し渡しがなければ、いずれ以下に戻される、と定めている。しかし取り立てられた家は、どうすれば申し渡しをうけられるのか。第一条は、該当者の勤続年数や勤め先によるなどとしているが、いま一つ判然としない。これにより出されたのが、次の法令であろう（『御触書天保集成』五二〇〇号）。

今後、旗本が就くべき職に取り立てられた御家人が、その職を一〇年ほど勤めたとする。上司の者は、一一年目の春に該当者の名前を勤め書に記し、若年寄に提出すること。また、該当者の勤続が二〇年に達したならば、再び報告するなど、一〇年ごとに勤め書を提出すること。

右から幕府は、旗本が就くべき職に起用された御家人について、一〇年はその職を勤めるのが重要としている。そしてこの年数を、該当者に「永々　御目見以上」と申し渡すかどうか、の基準にしようとしていたと考えられる。

引き下げ勤め

第五〜七条までは、当人が修行のため、自身が勤められる職よりも格下の職に就くことを認めている。この行為は「引き下げ勤め」と称される。なかでも第五・六条は、これまで認めていなかった、旗本が、御家人が勤めるべき職に就くことを許している。この点につき、老中の松平定信は『宇下人言』（うげのひとこと）において、次のように述べている。

徒・与力などから支配勘定（＝譜代の御家人が勤めるべき職）に移り、そこから数年もせずに勘定（＝旗本が勤めるべき職）に昇任して旗本になる。これにより、少給の旗本は年を経るごとに、ますます多くなっている。

職務に対する御家人の意欲を引き出すため、右のような昇任ルートを廃止することはできない。結果として、少給の旗本は年々のように増えていく。該当者の子孫は、少給であることがネックとなり、白髪に至るまで何の職も勤めずに、一生を終えるときもある。そういった存在をみることで、それに続く者たちは、出世の道など最初から絶たれていると理解してしまう（『宇下人言』）。

第五・六条は、彼らのような存在を一人でも多く起用し、その就業に対する意識を改革しようとの目的から考えられたのであろう。一方、少給の旗本たちにとって両条は、就職して自身の能力を示すことができる、出世の糸口となった。

なお、少給の旗本たちが「引き下げ勤め」をする状況を、幕府はどのような方法で把握しようとしたのか。この点については、次の法令が出されている（『御触書天保集成』五二〇二号）。

このたび少給の旗本たちに、仕事に慣れるように「引き下げ勤め」をすることを許可した。これにより、方々へ該当者の「御入り人」（＝就職）もあるので、その者の才能を見極め、よろしき者は可能な限り報告すること。修行として「引き下げ勤め」をする者については、特に気を配りなさい。御用に立つ、仕事に励んでいるなど、それぞれの才能に応じて、上司より若年寄まで封書でその様子を報告すること。

ただし、老中あるいは若年寄の支配下にない職は、目付を介して同じく封書を提出すること。

右から幕府は、「引き下げ勤め」をする者の上司より、該当者の仕事振りなどを報告させ、その能力を把握しようとした。しかし、上司が該当者の能力を見定めるまでに、とりわけ期間は設けられていなかった。

また第五～七条において、「持格」という用語が登場する。この用語についても、補足の説明が加えられている。それは、御家人が勤めるべき職に旗本が就いた場合、席順のことは同僚たちで定めない。老中の松平定信は、職ごとに初めて該当者が現れたとき、伺いを立てるように申している、というものである（『御触書天保集成』六号）。今後「引き下げ勤め」が行われることで、職内において旗本と御家人が一緒になり、従来の上下関係などが乱れるのを防ぐためであろう。

家格令の運用

前述したように、寛政三年（一七九一）一二月、幕府は家格令の第一〜四条の内容を補足する法令を出している。その内容は、部下のなかに今後、旗本が勤めるべき職に就き、一〇年が経過した御家人がいたならば、一一年目の春に若年寄へ報告するように、というものであった。これにより、享和二年（一八〇二）ごろから若年寄のもとへ、該当者の報告書が提出された。そのため、同役の堀田正敦は翌年一二月九日、老中の戸田氏教に次の伺書を提出した（「諸事留」二）。

堀田正敦の伺書

①御目見以下より以上の職に取り立てられた者について、今後、職業（＝医師・儒者など）によるものであれば該当者の息子より、それ以外によるものであれば該当

者の孫より、躑躅の間において家督相続を許される。そして、御目見以下の職を仰せ付けられることになる。ただし取り立て後、勤続年数や勤功などが格別な者には、あるいは勤め先により「永々　御目見以上」であることを申し渡す。それがなければ前述の通りである。

以上のことを寛政三年に公示したところ、勤続の年数に限りもなく、また勤功などの見極めも難しく、いまだ「永々　御目見以上」と申し渡された者はいない。そのため②〜⑤のように、決めて置くべきではないか。

② 御目見以下より以上の職に取り立てられた者が職務に出精し、とりわけ支障もない。その者が二〇年以上も勤続したならば、「永々　御目見以上」であることを申し渡すべきか。

③ 御目見以下より以上の職に取り立てられた者について、今後、転職させるときにはしっかりと吟味し、役替えを仰せ付ける。その際に、該当者へ「永々　御目見以上」であることを申し渡すべきか。

ただし転職といっても、理由があって役替えした者もいる。その者の家は家格令にもとづき、息子あるいは孫の代より躑躅の間において家督相続を仰せ付けられるようにする。

④　①〜③の伺い通りに公表するのであれば、これまで取り立て後、役替えを仰せ付けられた別紙の者たちについては、「永々　御目見以上」と心得るように申し渡すべきか。

⑤　寛政三年に、少給の旗本たちに就業の機会を与えるため、御家人が勤めるべき職に就くことを認めた。その後、該当者に「引き下げ勤め」を申し渡し、現在では多くの者が行っている。しかし一方で、「引き下げ勤め」に期限はなく、当該職に勤務し続ける者がいる。このままでは、家格令の趣旨に反するだけでなく、少給の旗本たちが「引き下げ勤め」をしなくなってしまう。そのため今後、支障なく一〇年以上も「引き下げ勤め」をする者については、旗本が就くべき職あるいは番方において「御入り人」が必要になったとき、伺いを立てるようにすべきではないか。

ただし、人柄が良くて器量などもある者を、その上司より選んで役方へ推薦することは、年限を限らず実施する。

別紙の検討

表2のうち一〜一五は、別紙に記される人名および各人の職歴について整理したものである。別紙には、㋑伺書の通りでよいならば、一〜一五の者

たちに「永々　御目見以上」と申し渡すべきか、㋺伺書の条件を満たしつつ、別紙から漏れた者がいたならば、㋑に準じて申し渡しを行っていく、とも記されている。

別紙は伺書とともに、老中の戸田氏教より側衆を介して「奥」（＝将軍家斉）へ提出された。これに対して家斉は享和三年一二月一〇日、伺いの通りでよい、と回答している（「諸事留」一二）。以上により、老中の松平信明は一二月二二日、右筆部屋縁側において同僚が列座・若年寄が侍座のもと、泉本忠篤を始め一五名に、今後は「永々　御目見以上」であると申し渡した（「江戸幕府日記」享和三年一二月二二日条）。

表2によれば、岸雅法は、支配勘定より勘定を経て勘定組頭になった。同様に、近藤重蔵も支配勘定より勘定を経て小普請方に就いている。一五名のうち五名が、松平定信が家格令の発令に際して指摘した、支配勘定に就いて譜代の御家人となり、そこから勘定に昇任して旗本になる、というコースをたどっている。さらに、家格令の発令から一二年、未だ伺書の②に該当する者は存在しない。そのため、一五名はいずれも③にある、旗本が勤めるべき職に二回以上就く、という条件を満たすことで、「永々　御目見以上」の申し渡しをうけている。

この他、山上博杲は徒目付より小普請方を経て代官に就き、寛政九年閏七月に死去した。

表2　享和三年「永々　御目見以上」申し渡し関係者一覧

番号	氏名	職歴	判定	注
一	泉本忠篤	清水家勘定奉行↓同家郡奉行（在職中に御目見以上）↓勘定格同家勤番組頭↓同家貞章院用人	○	
二	木曽万年	小普請方改役↓日光奉行支配組頭↓御台様広敷番之頭	○	
三	大木真則	作事下奉行格賄頭見習↓表台所頭格賄頭	○	
四	明楽茂村	普請方下奉行↓西丸・二丸山里庭預↓休息庭之者支配賄頭	○	
五	岸　雅法	支配勘定↓勘定↓勘定組頭	○	
六	杉浦伯良	小普請方改役↓小普請方↓払方金奉行	○	
七	馬場元籌	大工頭↓畳奉行↓細工頭	○	
八	近藤重蔵	支配勘定↓勘定↓小普請方	○	
九	久須美祐光	勘定吟味方改役並↓同改役↓川船改役	○	
一〇	江見政久	支配勘定↓勘定↓西丸表台所頭	○	
一一	西村武邦	支配勘定↓勘定↓一橋家郡奉行	○	
一二	村田昌敷	徒目付↓寄場奉行↓勘定組頭↓箱館奉行支配吟味役	○	
一三	大塚盛定	徒目付↓町奉行吟味物調役↓日光奉行支配組頭	○	
一四	南條元長	徒目付↓畳奉行↓佐渡奉行支配組頭	○	
一五	阿久沢義守	支配勘定↓勘定↓佐渡奉行支配組頭	○	
一六	鈴木甚内	勘定吟味方改役並↓同改役↓箱館奉行支配調役	×	
一七	大嶋栄次郎	勘定吟味方改役並↓同改役↓箱館奉行支配調役	×	

一八	木村喜之	浜御殿添奉行（在職中に御目見以上）→浜御殿奉行	×	
一九	松下政徳	膳所組頭→西丸膳所台所頭→本丸膳所台所頭	×	
二〇	小野忠政	表台所組頭→表台所頭→御台様膳所台所頭	×	
二一	楢原克文	賄調役→膳所台所頭→淑姫君様台所頭	×	
二二	田嶋秀之	徒目付→町奉行吟味物調役→林奉行	×	○
二三	西郷綏久	鳥見→鳥見組頭→林奉行	×	○
二四	笹川長直	支配勘定→勘定→勘定吟味方改役	×	
二五	西田忠序	支配勘定→評定所留役助→郡代支配留役→寺社奉行吟味物調役	×	
二六	山上博杲	徒目付→小普請方→元代官	○	○
二七	藤野在親	支配勘定→勘定→元勘定組頭	○	○

注　この表は「諸事留」二により作成した。氏名の項において、『新訂寛政重修諸家譜』に記載される人物については、通称ではなく名前を記した。また注の項において、○が付いている者は、弘化四年（一八四七）の取り調べ記事にも登場することを示している。

博杲の跡を継いだ定保は、同六年五月には小十人組（こじゅうにんぐみ）に番入りしている。ついで藤野在親は、勘定より勘定組頭に昇任し、別紙に記される前に死去した。在親の跡は在格が継ぎ、家督相続は菊之間において申し渡されている。博杲・在親ともに、死去する以前に「永々御目見以上」の申し渡しをうけられる条件を満たしていた。そのため定保と在格は、申し渡すまでもなく「永々　御目見以上」と認定されている（『新訂寛政重修諸家譜』二一）。

右の者たちの一方で、今回は申し渡しを見送られた者も存在した。表2の一六〜二五が該当する。以下、見送られた理由について検討してみよう。

不採用の理由

鈴木甚内と大嶋栄次郎は、ともに勘定吟味方改役並より同改役を経て箱館奉行支配調役になっている。職名をみれば、転職したかのようである。しかし実態は、勘定吟味方改役のときに蝦夷地御用を勤め、その後、上司が勘定吟味役より箱館奉行になった。これにより、職名は変わったが、職務そのものに変更はない。両名は、勘定留役より寺社奉行・町奉行の支配調役に出向した者と同じであり、転職ではないと判断されている。

ついで木村喜之は、浜御殿添奉行より浜御殿奉行になった。職内での昇任であり、職務はおろか職名すら変わっていないとの理由で、申し渡しは見送られている。

この他、七名は「転役とも申し難き分」と判断された。笹川長直は、支配勘定より勘定を経て勘定吟味方改役に、西田忠序は支配勘定より評定所留役助→郡代支配留役→寺社奉行吟味物調役と肩書を変えている。笹川は木村と同じく職内での昇任、西田は鈴木・大嶋のように、職務そのものに変更はないと判断され、申し渡しを見送られたのであろう。

その一方で、田嶋秀之は徒目付より町奉行吟味物調役を経て林奉行に、西郷綏久は鳥見より鳥見組頭を経て林奉行に就いている。両名については、旗本が勤めるべき職に二回以上就く、という条件を満たしていた。しかし伺書の③にある、「転職といっても、理由があって役替えした」との項目にあたると判断され、申し渡しを見送られた。そして、もう一度転職するか、林奉行を支障なく二〇年以上ほど勤めれば、「永々　御目見以上」として認定することになった。

伺書の意義

若年寄の堀田正敦が提出した伺書を評価すれば、次の点で意味がある。

一は、実際に「永々　御目見以上」の申し渡しを行う契機になったことである。家格令の補足法令は、御家人で、旗本が勤めるべき職に一〇年ほど在籍していれば、若年寄へ報告するように定めている。これにより、若年寄のもとへ報告書が届けられるが、補足法令は、一〇年ほど在籍したからといって、申し渡しを行うとは記していない。その結果、申し渡しをうける者が一向に現れない状況が続いていた。

二は、幕府として申し渡しの基準および「引き下げ勤め」をする者への処遇を定めたことである。旗本が勤めるべき職に就いた御家人は、その職を二〇年ほど勤めるか転職すれば、「永々　御目見以上」として認定されるようになった。また、一〇年以上も「引き下げ勤め」をする旗本は今後、旗本が就くべき職あるいは番方において「御入り人」が必要になったときは推薦する。さらに、「引き下げ勤め」をする旗本で器量・人柄ともによければ、年数に関係なく役方へ推薦する、と定めている。これにより、幕府は以後、システマチックに家格令を運用することが可能になった。

家格令の運用規定については、その後も若干の変更がなされている。一例として、弘化四年（一八四七）に行われた勤仕並小普請および小十人組に関わる問題を取り上げてみよう（「諸事留」二）。

目付の伺書

勤仕並小普請の勤仕並とは、就職しているのと同様とみなす、という意味である。勤仕並になると、小普請にもかかわらず、就職しているのと同様に理解された。ついで小十人組は、平時は将軍の警衛にあたり、将軍が外出するときはその先駆けを務めた組織である。小十人組は、時期によって変動するものの、およそ一〇組存在した。一組は、頭一名に二名の組頭、組頭のもとに二〇名の小十人、という編成で組織されていた。

目付を勤める者は毎年、御家人より旗本へ取り立てられた者を取り調べ、報告することになっていた。遠山則訓は、取り調べを行うための心得として九月三日、若年寄の遠藤胤統に三ヵ条の伺書を提出した。その内容は、次の通りである。

第一条「永々　御目見以上」の申し渡しをうける以前に、勤仕並小普請入りを仰せ付けられた者の、御目見以上としての勤続年数について伺いたいことがある。それは、同小普請より転出などした日を勤務の開始日とすべきか、または、最初に御目見以上に取り立てられた日を開始日とすべきか、という点である。

第二条「永々　御目見以上」の申し渡しをうける以前に、勤仕並小普請入りをした者がいる。その後、該当者が旗本の「持格」で「引き下げ勤め」を仰せ付けられた場合、履歴を調べて短冊帳（＝各人の履歴について記した「明細短冊」が貼り付けられた帳面のこと）に貼り、提出すべきか。

第三条　御目見以下より勘定に任じられ、その後、「永々　御目見以上」の申し渡しをうけないまま、小十人組に転出した者がいる。小十人に任じられたからには、申し渡しをうけた者として理解すべきか。または、申し渡しがないうちは、うけていない者として理解すべきか。

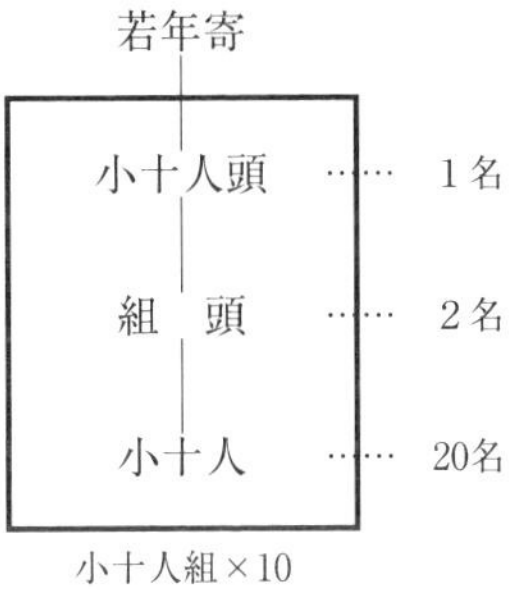

図7　小十人組の組織図

右のうち、第一条について補足しておくと、旗本が勤めるべき職に取り立てられ、それから勤仕並小普請に入れられる。そして、同小普請から他の職に就いたとき、その職から勤続年数を数えるべきか。それとも、勤仕並という言葉が示すように、同小普請は就職しているのと同じである。そのため勤続年数は、最初に取り立てられたときから勤続として数えるべきか、というものである。

奥右筆の先例調査

この伺書は、若年寄の遠藤胤統より奥右筆（おくゆうひつ）のもとへ送られた。奥右筆が、㋑諸大名・諸役人から老中あるいは若年寄へ提出された書類を整理すること、㋺老中や若年寄の決裁を必要とする案件について、事前にその先例を調査・検討すること、㋩老中や若年寄からの諮問に応じ、案件の採否を提示すること、などを職務にしていたからである（本間修平「徳川幕府奥右筆の史的考察」）。

奥右筆が伺書を調べたところ、勤仕並小普請のことは後述のように、すぐに処理できた。一方、小十人組のことについては、処理にあたって検討すべき先例が存在した。その一つが、伴六左衛門の西丸小十人組入りである（「諸事留」二）。

天保一一年（一八四〇）の書抜によれば、小普請の伴六左衛門は、小普請組支配の後藤行明のもとから西丸の小十人組へ入ることが決定した。その後に議論になったのが、六左衛門の父亀次郎の存在である。亀次郎は、広敷添番より溶姫君様用達を経て富士見宝蔵番になった。言い換えれば、譜代の御家人が勤めるべき職より旗本が就くべき職に移り、それから旗本の「持格」で「引き下げ勤め」をする存在であった。「引き下げ勤め」をする前に、幕府より「永々　御目見以上」の申し渡しはうけていない。従来、亀次郎のような存在を父に持ち、小十人組入りした者はいなかった。

この問題を契機として、天保一一年のときの奥右筆が小十人組入りした者について調べたところ、二点ほど類例が見つかった。同九年六月、小普請の佐久間与十郎は、小普請組支配の後藤行明のもとから小十人組入りした。与十郎の養父甚五郎は、広敷添番より喜代姫君様用達になっていた。同様に、小普請の亀里義之助は翌年一〇月、小普請組支配の岡村直恒のもとから西丸小十人組に入った。義之助の養父権右衛門は、西丸の先手与力より留守居番与力を経て学問所勤番組頭に就いている。両名ともに、養父は「永々　御目見以上」の申し渡しをうけていない。

三例は、父親が「永々　御目見以上」の申し渡しをうけていない状態で、小十人組入りした点で共通する。これに対する奥右筆の見解は、①伴六左衛門のような家筋の者を、小普請より小十人組入りさせるのには不都合もある、②しかし六左衛門の件は、すでに決まったことであり、西丸の小十人組へ入れるべきではないか、③今後のため、①のような問題が起きないように定めておくべきではないか、というものであった。

表3　「永々　御目見以上」申し渡し判定一覧

番号	氏名	職歴	判定
一	林伊太郎	小十人組↓新番組	○
二	山中大八	学問所勤番↓徒目付↓鷹匠↓小十人組	○
三	前原弁蔵	膳所台所頭↓具足奉行	×
四	池田庄大夫	浅姫君様用達↓林奉行	×
五	吉田半左衛門	西丸膳所台所頭格↓林奉行	×
六	手嶋卯十郎	喜代姫君様用達↓林奉行	×
七	杉浦又作	鳥見組頭↓林奉行	×
八	黒田甚左衛門	鳥見↓勘定↓小十人組	×
九	青山太七郎	勘使買物使↓禁裏賄頭↓小十人組	×

注　この表は「諸事留」一二により作成した。

以上の問題は、奥右筆より老中へ報告され、老中は側衆を介して将軍家慶の判断を仰いだ。これに対して家慶は、伴六左衛門の西丸小十人組入りは認めるが、今後、同様の事例は認めない、と回答している。

対象者の調査

この他、奥右筆はこれまでに「永々　御目見以上」と申し渡すかどうかの対象になった者について調査した。表3は、該当者の人名および職歴について整理したものである。

それによれば、林伊太郎は小十人組より新番組に、山中大八は鷹匠より小十人組に移ったときに、「永々　御目見以上」の申し渡しをうけている。一方、黒田甚左衛門は勘定より、青山太七郎は禁裏賄頭より小十人組入りした。その際、両人ともに申し渡しはうけていない。

また、残る五名をみると、前原弁蔵は膳所台所（せんしょだいどころ）頭より具足奉行、杉浦又作は鳥見組頭より林奉行に移っている。いずれも、旗本が勤めるべき職に二回以上就いていた。しかし幕府より、理由あっての転職と判断され、申し渡しをうけることはできなかった。

奥右筆の調査報告

これまでの検討をもとに、奥右筆は「しらへ」と題する報告書をまとめた。そして弘化四年一一月二四日、若年寄の遠藤胤統に提出している。報告書の内容は、次の通りである（「諸事留」二）。

①　第一条について、勤仕並小普請入りを仰せ付けられた者は、部屋住で番入りすることもあり、まったく勤仕しているのと同じである。そのため、最初に御目見以上の職を勤めた期間は無駄にはならない。第一条では「または」の方を、そのまま採用すべきではないか。

②　第二条について、勤仕並小普請のなかに、旗本の「持格」で「引き下げ勤め」を仰せ付けられた者がいる。これまで「引き下げ勤め」をした期間は、旗本の職歴として認めず、該当者の忰が番入りなどするときの参考にもしなかった。しかし「引き下げ勤め」をする以前、勤仕並小普請であった際の期間は重要である。やはり履

歴は、最初に御目見以上の職に就いたときから書き出すのがよいのではないか。

③第三条について、御目見以下より勘定に取り立てられ、その後、小十人組に転出した者には、すぐさま「永々　御目見以上」であることが申し渡される。申し渡しのない者は、理由があって番方に任じられたのであり、該当者の孫は御目見以下に戻されることになる。そもそも、小十人組に入れば「永々　御目見以上」と決めるのは実用的でなく、そのような規定なども存在しない。さらに、享和三年に「永々　御目見以上」と申し渡すべき者について取り調べた際、右のような例はなかった。この点につき、現在も証拠となるようなものは出ていない。

以上のことから、小役人より小十人組に入った者を、申し渡しもなく「永々　御目見以上」とするのは不都合である。家格令にもとづき、申し渡しのないうちは小十人を勤める者であっても、その者の孫の代より家督相続は躑躅の間において仰せ付けられるようにする。

前述した林伊太郎・山中大八の先例もあり、申し渡しのないうちは「永々　御目見以上」として認めない。第三条については、「または」の方を、そのまま採用すべきではないか。

伺書の処理

若年寄の遠藤胤統は、老中・若年寄のもとへ右の報告書を回した。そして老中らから、弘化四年一一月二九日、報告書の内容でよろしい、との回答を得ている。これにより一二月二日、遠藤は目付の遠山則訓に、伺書について回答した。その内容は、第一と第三条は「または」の方を採用し、第二条は伺いの通りと心得ること、というものであった（「諸事留」二）。

すなわち、旗本が勤めるべき職に就いた御家人が、「永々　御目見以上」の申し渡しをうける以前に、勤仕並小普請入りを仰せ付けられる。今後、該当者の旗本としての勤続年数は、旗本が勤めるべき職に就いたときから計算するようになった。さらに、小十人組に入っても、申し渡しをうけない限り、その者が「永々　御目見以上」として認定されることはなくなったのである。

組織を改革した男

森山孝盛とは

松平定信は老中として、人材登用策であるはずの足高の制が、人材を登用する障害になっている現状などを指摘し、小普請組支配にその改善を指示した。この点については、すでに「人物重視への回帰」のところで説明した通りである。しかし、定信が小普請組の改革に乗り出せたのは、その現状に精通していたからではない。小普請組の方から、種々の問題点が報告されたからである。

森山孝盛の略歴

小普請組の組織改革を提唱したのが、ここでの主人公となる森山孝盛であった。孝盛は小普請組の組頭として、小普請組支配と小普請との間を媒介した。そのため、小普請組の実情に詳しかった。最初に、孝盛の略歴と著作、小普請組の組頭になるまでの活動、小普請組における慣習、の三点についてみていきたい。

孝盛は元文三年（一七三八）、知行三〇〇石・蔵米一〇〇俵取の旗本森山盛芳の次男として生まれた。孝盛には、兄と姉がいた。兄の盛明は、旗本依田信義（知行二〇〇石・蔵米五〇俵）の次男から盛芳の養嗣子となった。姉は元来、盛芳の妹であったが、盛芳が家督を相続した際に、その娘となっている。要するに、盛芳にとって孝盛は、初めての実子であった。

宝暦七年（一七五七）八月、盛芳が死去し、盛明が森山家を相続した。盛明は、明和七年（一七七〇）閏六月に大番を辞し、翌年三月に隠居した。そのとき盛明は、弟孝盛を養嗣子にし、同家を相続させている。孝盛は三四歳であった。

安永元年（一七七二）一二月、孝盛は一〇代将軍家治に御目見（おめみえ）した。孝盛はその後、同二年四月に大番となり、天明四年（一七八四）九月に小普請組の組頭に昇任した。寛政二年（一七九〇）九月より徒頭、同三年五月より目付を勤めている。寛政六年三月には先手鉄砲頭となり、同七年五月より翌年六月までは加役として火付盗賊改（ひつけとうぞくあらため）を兼任した。寛政八年一二月より、西丸の勤務に移っている（『新訂寛政重修諸家譜（かんせいちょうしゅうしょかふ）』九）。

西丸においては、享和二年（一八〇二）一二月より持弓頭、文化六年（一八〇九）六月より鑓奉行を勤めた。同九年六月、老衰と病気を理由に鑓奉行を辞めている（「江戸幕府日記」享和二年一二月二八日条、文化六年六月一七日条、同九年六月二三日条）。その三年後、孝盛は七八歳で死去した（竹内誠「解題」）。

孝盛の著作

森山孝盛は、その生涯において多くの著作を執筆した。『国書総目録』によれば、「自家年譜」「蜑の焼藻」「公務愚案」「賤のをだ巻」「閭窓新語」「御加役代々記」「賞諷漫録」「諸家什宝抜萃」「年代通覧」「百人一首」の著作を確認することができる。このうち「自家年譜」より「賤のをだ巻」までの四点は、孝盛が小普請組の組頭を勤めていたときの記事を収録する。そこで、四点の概要について説明しておきたい（図8）。

「自家年譜」は、「森山孝盛日記」とも称される。二九冊からなり、一冊目は孝盛の父盛芳、残る二八冊は孝盛直筆の日記である。孝盛の日記は、明和七年閏六月から始まり、文化八年一二月に至る。一冊目の冒頭に凡例があり、それによると日記は、日々書き継がれているわけではない。「下日記」という下書があり、それを公務の合間に清書していたようである。そのため、清書にあたって記事に加筆など施されている。さらに、日記は長い年月にわたっており、書式は必ずしも一定していない。記事についても、年によって精粗

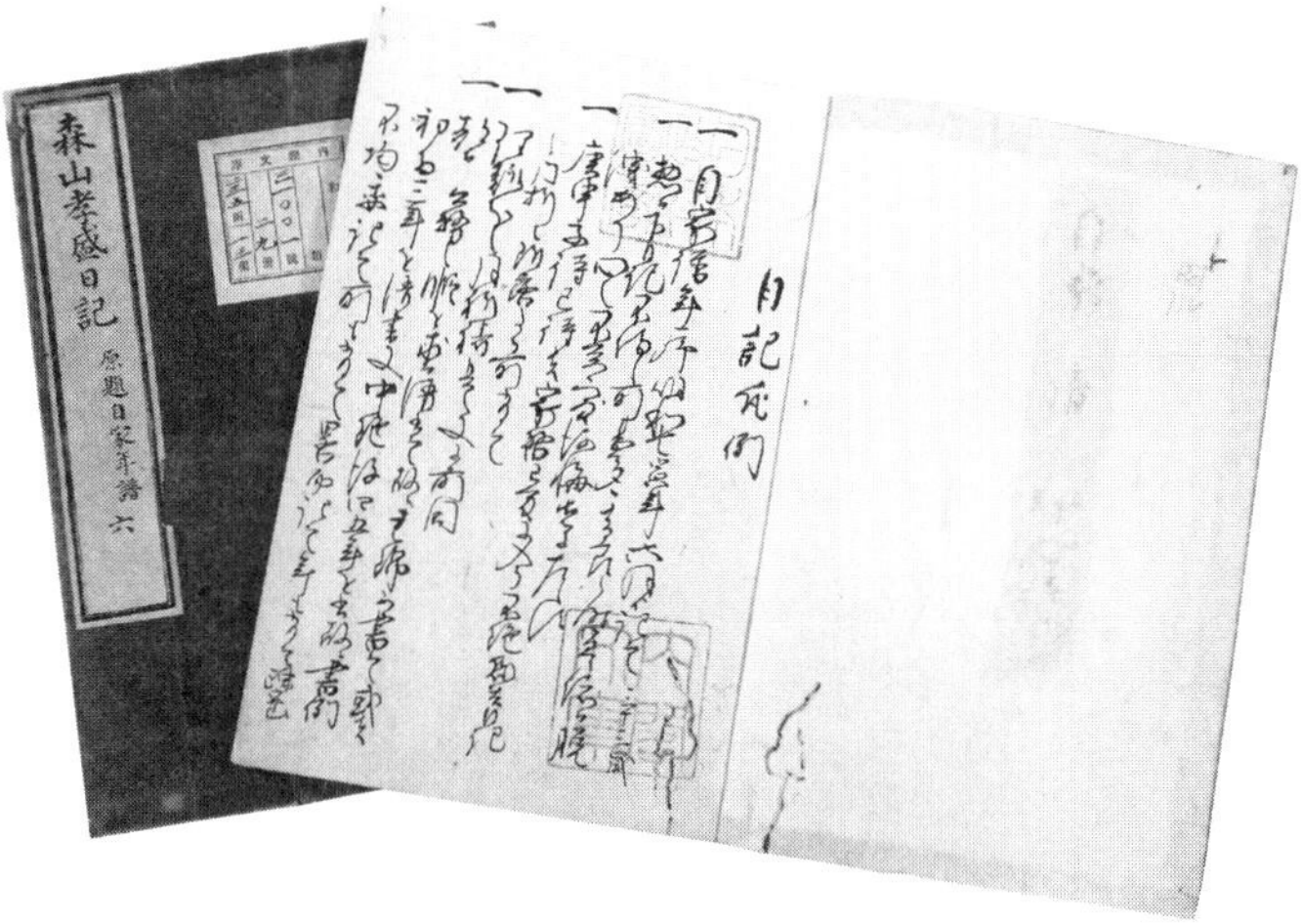

図８　「森山孝盛日記」（国立公文書館所蔵）

があり、日付も飛び飛びになっている個所が多い。それでも、判然としない部分が多い小普請組の組頭の実態を知るうえで貴重な史料である。なお現在、この日記は所蔵先である国立公文書館より『自家年譜』として刊行され、さらに同館のホームページ「デジタルアーカイブ」において、すべてデジタル画像として閲覧することができる。

「蛩の焼藻」は「蛩の焼藻の記」とも称され、上・下の二冊からなる。上は、孝盛が小普請組の組頭であったとき、下は、孝盛が目付および先手鉄砲頭であったときのことが記されている。同書は、孝盛が日々書き継いだものではなく、後世になって往時のことを回顧した史料である。上巻をみると、断片的に記される日記の記事について、その内容を補完することができる。全文は、第二期の『日本随筆大成』第二二巻（吉川弘文館）に収録されている。

「公務愚案」は、孝盛が小普請組の組頭であったとき、上司である小普請組支配の酒井忠敬に提出した小普請組の改革案などを収録する。内容については、「蛩の焼藻」と重複する個所が多い。しかし、孝盛が何年何月付で誰に意見書を出したのか、その点が明確に記されている。これにより、孝盛の改革構想がどのように進展していったのか、時系列に沿って確認することができる。なお、「公務愚案」は現在、東京大学史料編纂所にその写真帳が所蔵されている。同所に赴けば、閲覧は可能であるものの、他の史料に比べると確認が難しい。そのため、同じ問題について「公務愚案」と「自家年譜」とで日付など異なる場合、ここでは「自家年譜」の記載を優先する。

「賤のをだ巻」は、孝盛の自序から享和二年の春ごろに記された著作といわれている。同書は、六〇半ばになった孝盛が、延享期（一七四四〜四八）より見聞したことを書き連ねたものである。その内容は、服装や髪型といった風俗の移り変わりから巷の噂話まで多岐にわたる。全文は、第三期の『日本随筆大成』第四巻（吉川弘文館）に収録されている。

孝盛の就職活動

天明四年三月、田沼意次の嫡子で若年寄を勤める意知は、新番の佐野政言により刺殺された。これにより、意次は自身の権力を引き継がせる対象を失った。田沼家として、幕政に関わり続けることも不可能になった。さらに、意知の死去後、にわかに米価が下落した。その結果、政言は世間において、世直し大明神と称されるようになった。

このように、意次の権勢に陰りがみえるなか、森山孝盛は小普請組の組頭になった。そのときの状況を孝盛は、賢い者も愚かな者も賄賂を持って権家に往来し、追従するのが世の習わしであった。自身も権家を頼って往来するところ、灯心で竹の根を掘るごとくであり、ようやく小普請組の組頭になることができた、と振り返っている（「蜑の焼藻」）。灯心で竹の根を掘る、これは、苦労しても効果のない、という意味である。孝盛が、無駄骨を折ったと回顧する権家への往来について、「自家年譜」よりみてみよう。

就職活動の実態

表4は、森山孝盛が小普請組の組頭に就職した天明四年九月より、およそ一年間をさかのぼり、孝盛の就職活動について整理したものである。それによれば、次の三点を指摘することができる。

第一に、大番を勤める孝盛は小普請組の組頭に就くまでに、自身が所属する大番組の頭

表4　森山孝盛の就職活動

番号	年月日	記事
一	天明三・七・一八	広敷番之頭に空きができた。金二〇両を一本松へ持参し、前金として渡して世話を頼んだ。大番の組頭衆および大番頭の杉浦正勝へ申し込んだ。
二	天明三・一一・晦	広敷番之頭の斎藤正富が死去した。その後任として孝盛を推薦する旨、杉浦正勝と大番の組頭衆より連絡があった。
三	天明四・閏正・六	小普請組支配の嶋田政弥組において、組頭の糸原正敷の後任を補充することになった。杉浦正勝の用人山田門十郎より、孝盛を推薦するという内々の連絡があった。
四	天明四・閏正・一二	糸原正敷の後任として、孝盛および大番頭の大久保忠恕組より塩入利恭が推薦された。孝盛は就職のため、田沼家の潮田内膳へ約金として一五両を支払った。
五	天明四・八・一	広敷番之頭に空きができた。孝盛は方々に依頼して、今回も推薦してもらえることになった。この他、大番からは大久保忠恕組の前田政英、水野忠韶組の大久保忠寅が推薦されることになった。
六	天明四・八・一四	広敷番之頭の候補として、孝盛および広敷用達の田村恒常があがっている。
七	天明四・八・一七	広敷番之頭に就くため、田沼意次の中老潮田内膳を一本松に招いて歓待した。さらに、意次の養女を娶り、三男を養子に迎えた菰野藩主の土方雄年に、袴地二反を贈った。
八	天明四・八・二九	小普請組支配の能勢頼直組において、組頭の石丸定矩の後任を補充することになった。昨年の冬より就職活動が上手くいかず、今回は応募しないつもりであった。しかし、一本松より強く勧められたので、杉浦正勝の用人に頼んで推薦してもらうことにした。

九	天明四・九・一〇	小普請組の組頭の候補として、孝盛および西丸小納戸の越智道英があがった。今回は、大番の天野忠久や一本松が奥右筆の丸毛利教に頼んでくれたこともあり、就職することができた。
一〇	天明四・九・一二	高縄千歳屋という丸毛利教が贔屓にしている茶屋がある。土方雄年の用人小林与一右衛門の世話により、同所において丸毛を歓待した。費用として八両かかった。
一一	天明四・九・一八	方々へ就職の約金を支払った。一本松へ五〇両、丸毛利教へ二五両、杉浦正勝へ五〇両である。

注　この表は「自家年譜」により作成した。

や組頭に、五回ほど就職を願い出ていた。その内訳は、広敷番之頭が三回、小普請組の組頭が二回、である。孝盛としては、幕府に自身を推薦してもらうため、上司と良好な関係を築いておかなければならなかった。さらに、自身と同じ組内にも、当該職への推薦を希望する者はいるだろう。そのような者たちのなかから、自身を選んでもらうには、関係構築だけでは不十分である。孝盛は、自身を推薦し、無事に小普請組の組頭になれた謝礼として、大番頭の杉浦正勝に五〇両を支払っている。

第二に、就職には外部からの支援も必要であった。支援は無償ではなく、この人と考える人物に、金品などの利益を提供することによりうけられた。孝盛は、田沼家の中老潮田内膳、意次の親類である菰野藩主の土方雄年、奥右筆の丸毛利教に支援を頼んでいる。支援は、金品さえ支払えばうけられる、というものではない。孝盛は、潮田に一五両を支払って、支援の約束を取り付けた。その後も、機会があれば潮田を歓待している。支援の万全を期するには、関係の維持を図ることも重要であった。

第三に、就職にあたって外部の支援を得ることは、当たり前になっていた。孝盛は、小普請組の組頭になりたいと願い出るとき、潮田に支援を依頼した。そして、広敷番之頭に申し込むときは、潮田と土方に頼んでいる。それでも、小普請組の組頭には塩入利恭、広敷番之頭には田村恒常が就くことになった。孝盛は、二度も選考から漏れている。孝盛の支援者は田沼家の中老と意次の親類であり、申し分ない。塩入および田村の支援者が、より大物であったといえよう。

小普請組頭の慣習

私たちは現在、多かれ少なかれ、何かしらの組織や団体に所属している。そして誰しも、その所属先においてのみ通用する、ローカル・ルール的なものに接したことはあるだろう。それは、森山孝盛が就職した小普請組の組頭においても存在した。

小普請組の組頭では、新任として初寄合を開くとき、同役の二三名を自宅に招いて歓待した。接待費は、誰しも四五両ずつかかったという。なぜなら、肴は一名あたり一疋（＝一〇文）と思っても、二三名もいれば費用もかさむ。さらに、肴は○○、料理は○○という仕出し屋、など利用する店が決まっていた。なかでも、菓子は鈴木越後に注文することになっており、その支払いに二〇両余を費やしたからである。ちなみに、指定した店の料理でなければ、手を付けないことになっていた（「賤のをだ巻」）。

はたして、小普請組の組頭を勤める者たちに、料理の善し悪しなど判別できたのか。この点につき、森山孝盛は、父盛芳が貧乏であったこともあり、若いころは有り合せの料理しか食べられなかった。そのせいか、毒さえ食べなければよい、という考えを持っていた。

お菓子は鈴木越後

孝盛の同役として、永井尚恕が小普請組の組頭に任じられた。永井の教育は、先輩である船田正久が務めることになった。船田の教育のもと、永井は初寄合において料理と菓子を出し、首尾よく終えた。しかし、次の寄合で事件は起きた。

寄合後、同役の一名が言い出した。このたび、永井が出した菓子は鈴木越後のものではない、と。そうしたところ、同役たちは、私もそう思う、永井の菓子は他の菓子司に申し付けたものに違いない、と次々に賛同した。これにより、孝盛たちは、船田と永井を座敷に押し込め、取り囲んで詰問することになった。

その結果、船田は寄合で出した菓子につき、数年来の付き合いのある金沢丹後に用意してもらったことを白状した。船田はケチであり、鈴木越後が高価であることを嫌ったようで、永井もそれに同調した。これに対して孝盛たちは、鈴木の羊羹に比べて金沢のものは味が粗い、このような物を食わせるなど不愉快である、といって、船田と永井に手を突かせて謝らせている。

なお、味が粗いと酷評された金沢丹後だが、鈴木越後と同様、幕府への御用も勤めたことのある名店である。しかし、この事件よりもやや後世の史料になるが、文化一二年に「江戸の華名物商人ひやうばん（評判）」（図9）と称される番付が板行されている。江戸時代も後期に至ると、名所・名産および流行り廃りなど、さまざまなものがランクづけされるようになった。この番付によると、鈴木越後は西の方の大関に、金沢丹後は東の方の小結に、それぞれ位置づけられている。そのため、金沢丹後のお菓子にケチをつけた者は、それなりに確かな舌を持っていたといえよう。

以上をまとめれば、孝盛は、毒さえ食べなければよいという考えであった。しかし組織に属すると、周囲に流され、決まった店の料理しか食べないようになった。孝盛は、その

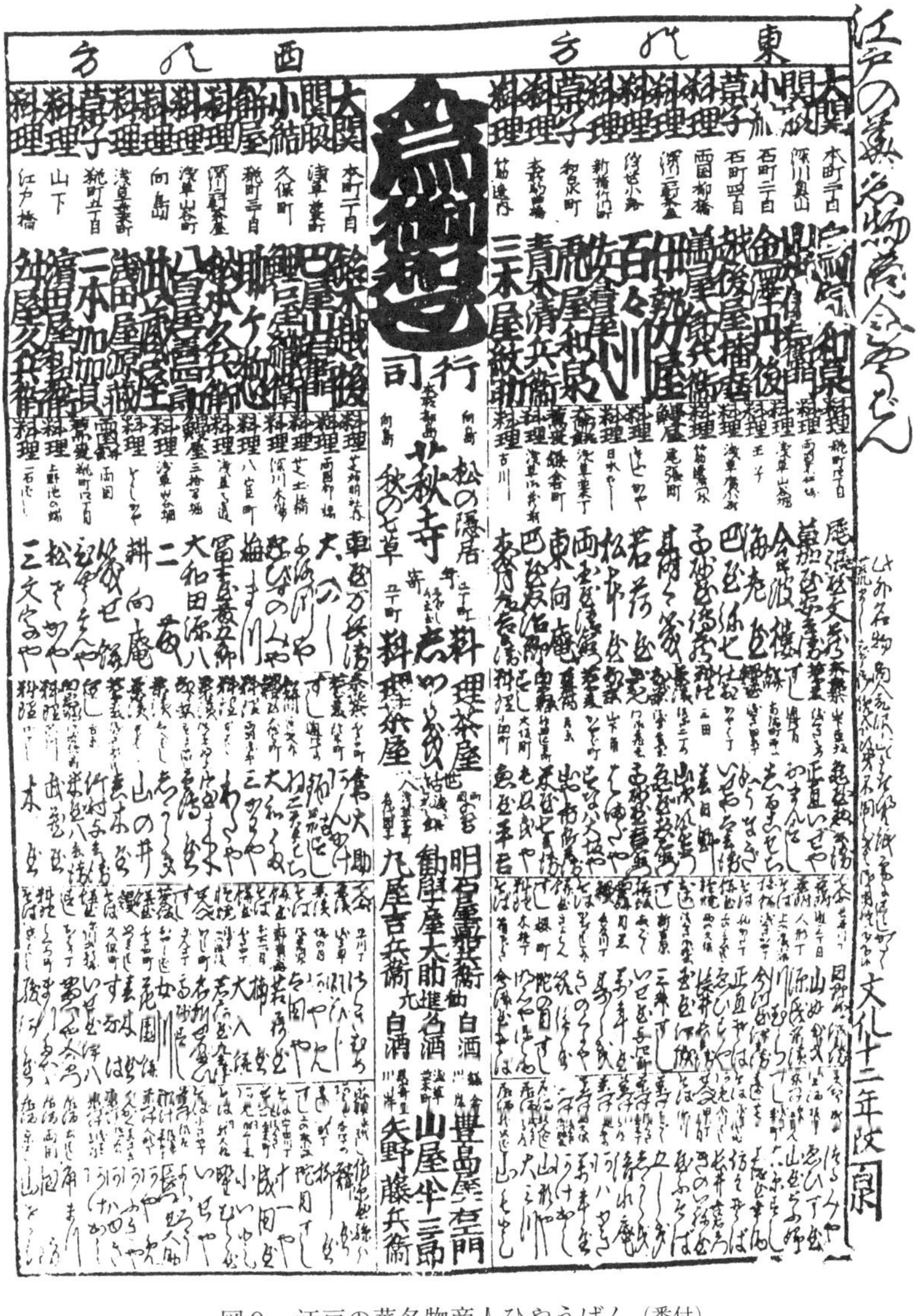
江戸の華名物商人ひやうばん
東の方
西の方
行司
文化十二年改

図9　江戸の華名物商人ひやうばん（番付）

ような自身に嫌気がさしたのであろうか、松平定信が老中になるとともに、小普請組の改革に乗り出していく。

小普請組の形成過程

職に就いていない旗本と御家人（＝以下、譜代の家格の者を指す）は、どのような理由で小普請と称され、日ごろはどのような役割を担っていたのか。さらに、その小普請を束ねる小普請組という組織は、どのようにして形成されていったのか。森山孝盛の改革案について述べる前に、これらの点をみてみよう。

名称の由来

最初に、無役の旗本と御家人は、家禄に応じて人足を提供することになっていた。人足は、江戸城二の丸・三の丸御門の高石垣の修繕などに従事した。このことから、無役の者は小普請と称されるようになった（「明良帯録」）。

ついで、その時期だが、幕府が寛文四年（一六六四）五月付で出した法令のなかに、小普請の表記を確認することができる。この法令は三ヵ条からなり、小普請として留守居の組下に入り、自身の上司へ挨拶に行くときは、親類縁者のなかから一〜二名を連れて行くこと、など定めている（『御触書寛保集成』一〇一六号）。法令から、幕府はこれ以前より無役の者を小普請と称していたこと、小普請は最初、留守居の支配下にあったこと、がわかる。

小普請金の納入

小普請の者は、人足の代わりに金銭を納めるようになっていく。その金銭は、小普請金や小普請人足金と称された。人足より金納へ切り替えられたのはいつなのか、詳細は不明である。現在のところ、幕府が延宝三年（一六七五）一二月、知行取の者へ一〇〇石につき金一両を納入するように指示し、それを同八年九月に金一両二分に引き上げた、という記事が確認できる（「教令類纂」初集・一二）。

さらに、幕府は元禄二年（一六八九）より、扶持米取の者からも小普請金の徴収を開始した。家禄が二〇俵以上の者に対し、御金奉行のもとへ小普請金を納入するように指示している。その割合は、二〇俵より五〇俵未満の者が金二分ずつ、五〇俵より一〇〇俵未満の者が金一両二分ずつ、一〇〇俵以上の者が一〇〇俵につき金二両ずつ、である。このとき幕府は、石と俵は同じであるとも指示している。そのため、家禄が二〇石より五〇石未満の者であれば、金二分ずつを納入することになった（「憲教類典」二）。

小普請金の取立

幕府は、元禄三年六月と一一月の両度にわたり、小普請金の取り立てに関わる法令を出した。このうち「小普請金取立之事」という表題の付けられた一一月の法令は、二二ヵ条からなる（『御触書寛保集成』二九〇二号）。その内容は、六月の法令（「憲教類典」二）をも含んだ総合的なものといえる。以下、主要な条文について取り上げてみよう。

第一条は、小普請金の納め方と納入の時期に関わるものである。小普請金について、金納する者は金座（きんざ）の後藤庄三郎のもとで、銀納する者は銀座の大黒常是のもとで、それぞれ納入額を包装・封印してもらう。そのうえで、七月に三分の一、一一月に三分の二を納めること。さらに、小普請金については、取り立ての役人を介して蓮池御金蔵にある元方御金蔵へ納めるように定めている。

第三条は、父が小普請に入っており、子が就職していた場合についての条文である。その父が隠居あるいは死去し、子が家督を相続したとする。この年、父が納入予定であった小普請金は、月割して父が隠居・死去した月の分まで負担する。これは、知行取の者であろうと扶持米取（ふちまいとり）の者であろうと同じである。ただし、父が扶持米取で、春分を受け取る前に隠居あるいは死去したならば、小普請金を月割で納める必要はない。

第一二条は、小普請から就職した者と、就職先から小普請入りした者について定めている。両者ともに、小普請金の納入額は月割で算出し、就職した者はその月まで、小普請入りした者はその月から負担する。ただし、小普請入りしたのが何月であろうと、その月からの負担分の三分の一を七月に、三分の二を一一月に納めること。七月以後に入ったのであれば、一一月に一括して納入する。また、七月に小普請金の三分の一を納入し、就職したならば、納入より就職した月までの分を月割で負担する。一一月に全額を納入し、年内に就職しても、過払い分は返還されない。

第一三条は、新規に召し出された者について定めている。該当者に知行あるいは扶持米が宛(あて)がわれ、小普請入りしたとする。小普請に入ったのが何月であろうと、その年の収入をすべて与えられているのであれば、小普請金は残らず納入する。与えられたのが半分であれば、納入額も半分になる。扶持米(ふちまい)を受け取ったのが七月以前であれば、七月と一一月の両度にわたって小普請金を納入する。以後であれば、一一月に一括して納めること。

第一七条は、七〇歳以上の者が小普請金を負担すべきかどうかの条文である。それによれば、七〇歳以上で御役御免になった者たちは、支払いを免除する。ただし、以前から負担していた者たちは、七〇歳を過ぎても小普請金を支払うように定めている。

これまでの話をまとめると、幕府は元禄二～三年にかけて、職に就いていない旗本・御家人から小普請金を徴取するための体制を整えた。この時期は、五代将軍綱吉の治世に該当する。綱吉期の幕府は、明暦の大火（一六五七年）後の江戸復興を始め、多額の出費により幕府財政の曲がり角を迎えていた。さらに、綱吉が館林家臣団を幕臣に組み込み、小普請の者が増大していた。これらの点から、綱吉政権が小普請金の徴収問題に着手したのは、無役の旗本・御家人を幕府財政の補てんに活用するためであったと考えられる。

六代将軍の家宣は、甲府家臣団を幕臣として取り立てた。これにより、無役の旗本・御家人は、綱吉期よりもさらに増大することになった。そのような状況下、正徳元年（一七一一）一〇月一九日、家宣は三名の旗本と面会する。相手は、留守居大久保教福の組下にある松平信応（家禄は一〇〇〇石）と永井尚昌（三〇〇俵）、同役松平昭利の組下にある沼間清喜（三〇〇俵）であった。

将軍との距離

将軍と旗本が面会する。本来であれば、取り上げる必要もない日常である。しかし、三名との面会については事情が違った。なぜなら、小普請として家督を相続した旗本は、これまで将軍との御目見を仰せ付けられなかった。その結果、一生を将軍と御目見することなく終えてしまう者が存在した。この現状をうけて、幕府は小普請として家督を相続した者のうち、番入りできる格式を持つ、あるいは三〇〇俵以上の家禄があれば、以後、願い出れば御目見できるようにした。三名は、この規定にもとづいて、初めて御目見した存在であったからである（「教令類纂」初集・二）。

なお、将軍との御目見に関わる条件は翌年一〇月、若干の変更が施される。家禄は、三〇〇俵より二〇〇俵に引き下げられた。その代わり、願い出れば御目見という個所が、願い出れば吟味（ぎんみ）のうえ御目見を仰せ付ける、となっている（「教令類纂」初集・二）。

御目見の意義

右のように、幕府は将軍と旗本との御目見を重視した。その理由だが、将軍にとって旗本は、さまざまな職を勤め、幕府の官僚機構を支えてもらう存在である。一生を無役で過ごし、小普請金を納めてもらうだけの存在ではない。

しかし、無役の旗本からすれば、綱吉と家宣が各々家中を幕臣団に編入し、自身と同じ存在が増加した。この状況は、これまで職に就くことができなかった者たちに、今まで以上に就職は難しい、という現実を突きつけた。そういった者たちに、幕府としては、誰から家禄を与えられているのか、誰のために働くのか、あらためて確認させたかった。そして、無役としてくすぶり続けるのではなく、就職して将軍のために働こう、という気持ちにさせたかったのであろう。

ただし、奮起を促すだけでは意味がない。それをくみ取るための、仕組みが必要であった。これにより、組織されていくのが、小普請組支配を核とする体制である。以下、小普請組支配・小普請組組頭・小普請組世話役の各職について、成立より森山孝盛が改革案を提出するまでの期間を、個別に検討してみよう。

小普請組支配

享保四年（一七一九）六月二五日、一〇名の旗本が小普請組支配に任じられた。一〇名は、寄合の松平為政・安藤重武・永井直朝・瀧川元長・伊丹勝友・石川総昌・内藤信明、使番の有馬純珍、小姓組組頭の酒井忠穏、書院番組頭の金田正明、からなる。家禄は、内藤の五〇〇〇石を筆頭に、八名が三〇〇〇石を超えている。最低は、滝川の二〇一〇石である。一〇名のうち、滝川と金田（三〇〇〇石）の両名には、役料として五〇〇俵が支給されることになった。

このとき、小普請組支配の江戸城における詰席は中の間、職としての格は新番頭の上座と定められた。図10に示したように、小普請組支配には、これまで留守居の支配下にあった無役の者のうち、二〇〇石より三〇〇〇石未満までの者が付属することになった。二〇〇石未満の者は、これまで通り留守居が管轄し、三〇〇〇石以上の者については、留守居

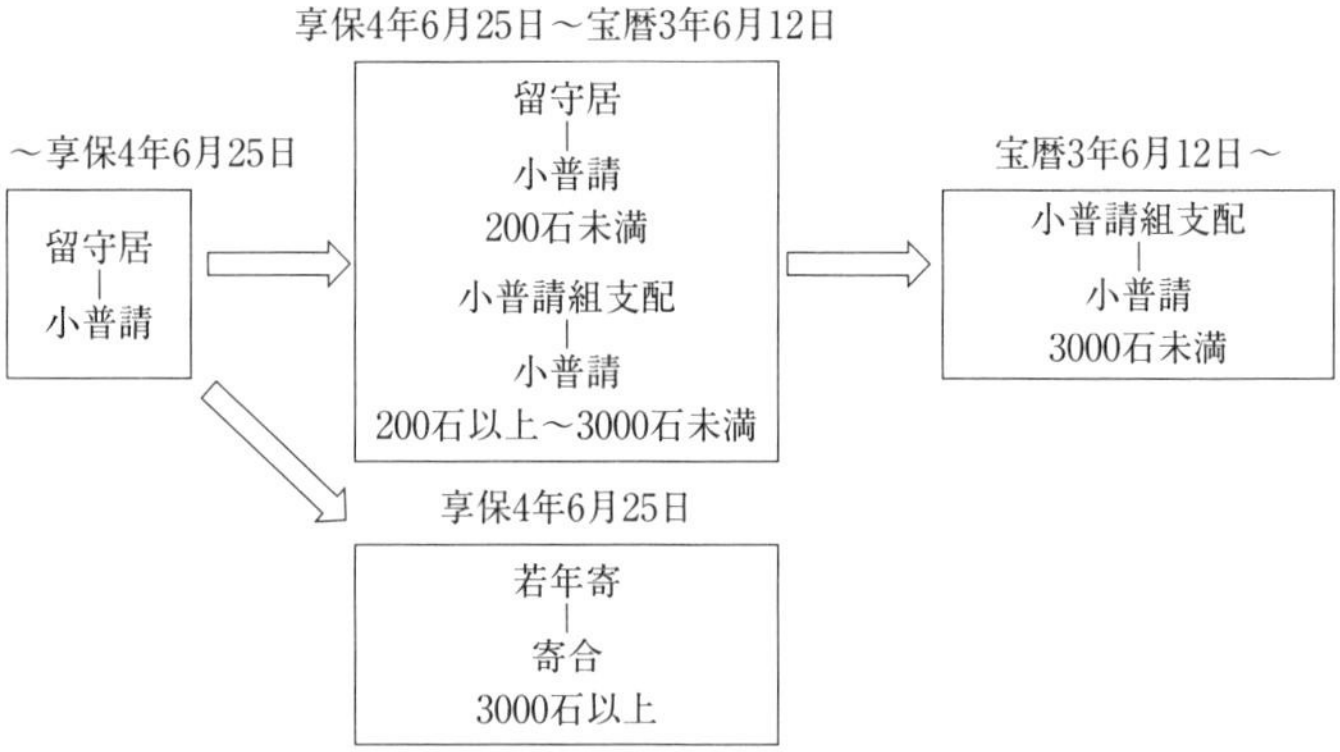

図10　小普請の支配変遷について

より若年寄へ支配が移された（「教令類纂」初集・二）。小普請組支配の職務は、小普請の者を指揮し、各職に空きができたときは、老中に適任と思われる者を推薦することであった（「明良帯録」）。

その後、小普請組支配は享保七年七月に、酒井が小姓組番頭に任じられる。酒井の後任は補充されず、九名になった。同八年六月には、役高を三〇〇〇石に定めている。この高は、江戸の町奉行や勘定奉行などと同じである。職の格という点からみても、幕府が新設した小普請組支配を重視していたことがわかる。また、小普請組支配は同九年七月、有馬と興津忠閭（＝石川の後任）が甲府勤番支配に任じられた。このとき、興津の後任は補充されず、八名になった（「吏徴」）。

最後に、幕府は宝暦三年（一七五三）六月一二日、小普請組支配を増員して一二名にした。そして、小普請組支配に対し、これまで留守居の支配下にあった二〇〇石未満の者たちも、あわせて受け持つように指示している（図10参照）。これにより、小普請組支配は以後、無役の旗本だけでなく、御家人も管理することになった。そのため、幕府は小普請組支配に、旗本は小普請支配、御家人は「小普請組」と称して区別するように申し渡している（「廻状留」宝暦三年六月一二日条）。

小普請組組頭

小普請組の組頭は、延享三年（一七四六）六月二日、小普請のなかから水原保明など一六名が任じられたことに始まる。組頭は、小普請組支配の下に二名ずつ配属され、家禄に関係なく就任者には、役料として二〇〇俵が支給された。旗本が勤める職であり、江戸城における詰席は焼火の間、職としての格は留守居組頭の上座と定められた（『徳川実紀』延享三年六月二日条）。

また、小普請組支配は宝暦三年六月、それまで留守居の支配下にあった無役の者たちまで管理することになった。それにともなう業務量の拡大に応じて、組頭の役料は三〇〇俵に加増された。さらに、二〇〇俵未満の者が組頭に就いた場合、在職中は二〇〇俵まで足高することになった（「教令類纂」二集・三）。

職務は、小普請の者を世話することである。小普請組支配に、小普請からの願い出や届け出を取り次ぎ、就職の公募が出れば、適当な人材を推薦した。さらに、小事であれば支配の耳に入れず、内々で処理していた（「明良帯録」）。

小普請組世話役

享保四年六月、小普請組支配が設置され、留守居は二〇〇俵未満の小普請を管理するだけでよくなった。それでも業務が大変なため、同一九年六月に、留守居の下に組頭とともに世話役が設けられた。小普請組の世話役は、この留守居の世話役を前身とする。

留守居の世話役には、伊賀者としての格式を持ち、各職において世話役を勤める二〇名が選ばれた。伊賀者とは、徳川家康の伊賀越えの道案内を務めた功績により、幕府に取り立てられた伊賀の郷士の総称である。伊賀者の末裔たちは、幕府において広敷番伊賀者や明屋敷番伊賀者などの職を勤めていた。これらの職の多くが、譜代の御家人が勤めるべき格式を持っていた。

留守居の世話役の創設時、留守居は四名ほど存在し、各人に五名ずつ付属した。世話役に就いた者は在職中、知行取・扶持米取の者ともに、役高は五〇俵と定められた（「江戸幕府日記」享保一九年六月一日条）。さらに、延享三年七月には、役扶持として三人扶持が支給されることになった（「教令類纂」二集・三）。

また、宝暦三年六月、小普請組支配は、留守居の支配下にあった無役の者も管理することになった。それにともない、留守居の世話役も、支配が留守居から小普請組支配に移り、名称も小普請組の世話役に変更された。小普請組の世話役は、小普請組支配それぞれに三名ずつ付属することになった（松平太郎『校訂江戸時代制度の研究』）。

小普請組の世話役は、小普請からの願い出や届け出を小普請組支配へ取り次ぐ、小普請の宅を回って世話する、ことなどを職務とした（「明良帯録」）。その内容は、小普請組の組頭とかさなる部分が多い。これは、小普請組の組頭と世話役ともに、小普請組支配に付属しており、両者の間に上下の関係がなかったことによる。しかし、職の格式をみると、組頭は旗本、世話役は譜代の御家人が勤めるべき職であった。そのため実態としては、世話役より小普請組支配への申し出は、組頭を介して行われていた。

小普請組の変遷

以上を要約すれば、幕府は、小普請に編入されている無役の旗本・御家人を活用するため、享保四年六月に小普請組支配を創設した。そして、図10として整理したように、留守居が支配していた小普請のうち、二〇〇石未満の者はこれまで通り留守居、二〇〇石より三〇〇〇石未満の者は小普請組支配、三〇〇〇石以上の者は若年寄に管理させることにした。

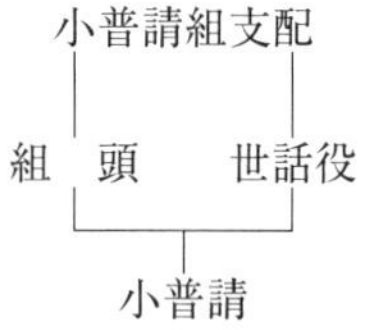

図11　小普請組の組織図

その後、留守居の下には世話役、小普請組支配の下には組頭が設置された。留守居と小普請組支配に、それぞれ付属する者たちを効率的に支配させるためである。さらに、宝暦三年六月に、留守居の支配下にあった世話役および二〇〇石未満の者は、すべて小普請組支配の管理下に置かれることになった。これにより、小普請組支配の下には組頭と世話役が付属し、組頭と世話役の下には、小普請に編入された旗本・御家人がいるという、図11に示した小普請組の組織が完成する。

森山孝盛の小普請組改革

将軍家斉の上意

天明七年（一七八七）七月一日、布衣(ほい)以上の格式を持つ各職より一名ずつが、江戸城の黒書院(くろしょいん)に集められた。一一代将軍家斉(いえなり)はそこに出御し、上意を発した。その内容は、①八代吉宗(よしむね)が定めた決まりについて、以後の将軍は守るように気を付けているが、思うようにいかず苦労している、②一〇代家治の遺志を継ぎ、吉宗の決まりが少しでも行き届くようにしたいので、各々も精勤するように、というものである。

家斉の上意は、老中の松平定信・阿部正倫(まさとも)が口頭で、その他の役人にも伝えている。この点につき、森山孝盛は詰番であった小普請組支配の井上正乗より、老中の口達を略記した触書を受け取った。それには、第一に近ごろの旗本・御家人のこと、第二に質素・倹約を用いること、と記されていた（『自家年譜』天明七年七月六日条）。

上意をめぐる応答

天明七年七月六日、小普請組支配の酒井忠敬は、自宅に組頭の森山孝盛と本目直記を呼び寄せた。そして、七月一日に発せられた将軍の上意を伝えている（『自家年譜』天明七年七月六日条）。そのうえで、酒井は両名に、組下の小普請の取り扱い方および小普請組に関わる問題で、考えがあれば申すようにうながした（「公務愚案」）。これにより、酒井と孝盛との間で行われた意見交換は、次の通りである。

酒井　上意の趣旨について、旗本の風儀がよろしくないとあるが、番方でそのような者がいれば、小普請に入れられることになる。小普請組は、旗本を育てて各職の空席に推薦する組織であり、三〇〇〇石未満の者が多く入り込んでいる。そのため、まずは小普請組の風儀を立て直すように心を配るべきではないか。

さらに、小普請組は他の職と違い、幕府の利益について話すことはない。小普請組において処理できる問題につき、それに関わる願書や諸書物は麁紙（そし）で作成する。届書などを日向紙（ひゅうがかみ）で作成する者は、とりわけ少給である。その者たちには、諸書物も美濃紙で作成するように申してもよいのではないか。御用取扱（＝世話取扱のこと、詳細は後述）のなかでも精勤の者には、以前のように小普請金の納入を免除してもよいのではないか。

幕府の指示に対し、気づいたことがあれば報告せよ。近ごろ小普請組支配は、寄合のときは弁当を食べている。この点につき、組頭の方でもよく相談すること。

森山　組下の小普請に、諸書物を麁紙で作らせるとのこと、とてもありがたい申出です。少給の者にとっては、程村紙（栃木県程村原産の厚手の楮紙で、高級紙の一つ）を一枚用意するのも気の毒なくらいです。今後は、色々と麁紙を使用するように申し渡されるのがよいです。

また、近ごろは人柄のよい者を推薦しても、足高を認められることはありません。他の小普請組支配の下からの番入りなども、その組の善し悪しにより行われています。この点につき、よくお考えいただきたいものです。

酒井　なるほど、孝盛の意見はもっともである。足高の件など気になっており、上から非難でもあれば、色々と主張するつもりである。しかし、そうでもないのに申すというのは難しい。

森山　酒井の方から足高について指示するのは難しい、というのは至極もっともなことです。昔は先祖の勤功も近く、人柄もよかったので、多くの者は足高で召し使われていました。それがもはや、みな二〇〇年近くも幕府から恩義をうけており、普通の者たちへ差別なく、軽々しく足高を与える理由もありません。そのうえ、一〇人扶持であっても勤務中の者から取り上げるのは、並大抵のことではありません。ましてや小普請の身で、ぬくぬくと足高をもらえるはずもありません。

また、少給で三両と一人半扶持などという御家人について、給与は森山の家来ていどです。森山は家来に、食事をさせ、湯茶を飲ませ、居宅として長屋も与えています。それに対して右の御家人は、屋敷を構え、譜代と称して妻子を養っています。今日は何銭というほどの金もなく、人柄だけではうまくいきません。能力のある者が、ただ譜代であることをのみありがたがり、その日暮らしを続けるだけになっています。これでは、風儀を立て直すことなど難しいです。

酒井　とても面白い考えである。なるほど、この問題については考える点もある。

森山　足高を必要とする者がたびたび就職すれば、職に就けずに不人柄に流れた者たちも、職を目当てに正しい姿に戻ることもあります。

酒井　至極もっともである（『自家年譜』天明七年七月六日条）。

なお、同席していた本目はこのとき、意見を述べなかった。他組の組頭たちのこともあり、彼らと協議のうえ回答する考えであったからである（「公務愚案」）。

書類添削の改革

小普請組支配の酒井忠敬と組頭の森山孝盛との応答を経て、書類の作成において使用する紙の問題は、すぐさま改善へと向かった。なぜなら孝盛は、一〇〜三〇俵の少給で生計を立てる小普請にとって、書類作成に必要な紙の購入が、金銭的に大きな負担になっていることを理解していたからである。

したがって、少給の者にとって書類の作成は、失敗の許されない行為であった。そのため彼らは、手習いの師匠などに書類を添削してもらい、それから書類に押印し、組頭へ提出していた。これに対して孝盛の同僚は、提出された書類は例文と異なる、書式がわからない、などと回答し、書類を突き返していた。この結果、少給の者たちは、幾度も組頭のもとへ足を運ぶことになった。

このような状況を、孝盛は苦々しく思っていた。そのため孝盛は、組下の小普請に対してまず、提出された書類のうちこの部分がわからない、と受理できない理由を詳しく説明した。そのうえで、①指摘した点を自宅において書き直し、あらためて持って来るのは大変なので、修正は森山宅で行ってよい、②したがって、印鑑を持参するように、などと指示している。

組下の小普請たちは、孝盛の対応を心から喜んだ。彼らは額づいて、森山宅より帰宅したという。以上の評判をうけ、小普請組においては以後、組頭たちが孝盛と同様の取り扱いを、小普請の家禄にかかわらず行うようになった（「蜑の焼藻」）。

存寄書の提出

小普請組支配の酒井忠敬との面談後、組頭の本目直記は、他組の組頭と協議をかさねた。しかし、他組においては小普請組支配より組頭へ、酒井のような問いは行われていなかった。さらに、本目が意見を求めても、組頭たちの回答はいずれも、特にない、であった。本目としては酒井に対し、他の組頭たちと協議のうえ回答する、と伝えてしまっている。そのため、酒井には何らかの報告をしなければならない。本目は、ともに酒井のもとで組頭を勤める森山孝盛に意見を聞いた。

これに対して孝盛は、私は酒井に色々と申し上げたいことがある、私の意見に同意していただけるのであれば、酒井に連名で存寄書（ぞんじよりしょ）を提出しよう、と相談を持ちかけた。本目は存寄書を一読し、自身も署名させてほしいと申し出た。これにより、孝盛と本目は天明七年七月一八日、酒井に次の存寄書を提出したのである。

第一条　御用取扱の者たちに勤仕並を仰せ付ければ、とりわけ励みにもなり、組の取り締まりなどのためにもなる。彼らは家筋などもなく奉公を仰せ付けられないので、仕方なく小普請にいる。そのため冥加として、御用をも勤めたいと考え、小普請組において他人の世話をしている。御用取扱の者たちは、自身の我が侭で小普請にいるのではない。もっとも番筋の者ではあるけれども、なかには上記のような者たちもいて、残念に思っていること。

第二条　弓馬については毎年、見分があるようにしたいと考えている。その他、芸術なども弓馬に準じ、たびたび見分があれば、励みにもなること。

第三条　大的を行う日に、私たちがたびたびそこに出席し、内見分をすれば、次第に参加する人数も多くなってくること。

第四条　小普請組支配の者は、組頭たちとともに見回りに参加すべきではないか。

第五条　小普請組において、上下格・羽織格で役に立つ者は、足高の支給がうけられないため職に就けず、埋もれている。幕府に対し、①彼らへ足高を支給するのが難しいのであれば、まずは持高で職に就け、②勤務態度により足高を支給してやってほしい、と上申することはできないか。

存寄書の提出後、孝盛は大的が行われる日には、見分に赴くようになった。孝盛の姿をみて酒井は、自身もときにより大的および弓馬の見分に赴くこと、他の箇条については同僚と協議のうえ、回答することを約束している（「公務愚案」）。この存寄書は、後述する小普請組における世話取扱の設置および石井勝之助の就職に、大きく関わることになる。

孝盛の献策

将軍家斉の上意をうけて、小普請組支配の酒井忠敬と組頭の森山孝盛は、小普請組の問題について協議した。その結果、小普請組においては書類の作成に麁紙が使用され、小普請組支配が弓馬の見分に赴くようになる、などの改善がみられた。しかし一方で、御用取扱を勤仕並にすることなど、小普請組のみでは対応できない問題もある。これを解決するには、ときの権力者に小普請組の現状を把握させ、改革を支持してもらう必要があった。

以上の状況において、小普請組は、老中の松平定信の協力を得ることができた。定信が小普請組の改革を支援したのは、孝盛の「愚案條々」を一読したからであった。

「愚案條々」は、孝盛が天明八年二月付で記した、八ヵ条からなる幕政の改革案である。条文の最後では、自身の職権を超えて公務を論じており、問題は多々あるが、それでも現在の失政について記しておきたい、と断りを入れている。このように書くだけあって、その内容は過激である。しかし、そうであるからこそ、孝盛は定信の印象に残った。定信は以後、発案が孝盛であるからこそ耳を貸し、改革の実行に際しては孝盛の意見を聞いている。「愚案條々」には、どのようなことが記されていたのか。本書と関わる第一〜第三条について、その概要を記しておきたい。

第一条では、書院番・大番における問題を指摘している。書院番は駿府城、大番は大坂城・二条城の在番を職務とした。在番を勤める者には合力米（ごうりきまい）が支給されるが、その高に応じて人事が進められている傾向がある。そのため、就職を願う優れた人材が埋もれることになっている、と主張する。さらに、大番組においては、大番頭が自身の用人に取り計らいを任せ、最近では用人と大番とを取次ぐ者が現れた。その者は、大番を勤める者の家禄に応じて、賄賂をとっている。したがって、本当に困窮している大番は、大番頭に願い出をすることができない、と批判している。

第二条は、合力米の問題に引き付けて、足高の制の弊害について説いている。「人物重視への回帰」（五三ページ）のところで取り上げた、就職にあたって足高を必要とする者は、小普請組支配が推薦しない、という問題である。

第三条では、各職における上下の関係について論じている。孝盛は、番頭の善悪は組頭の器量により、組頭の器量は番頭の心掛けによって決まるとする。そして、彼らが実務を担う組下に目を向けず、上ばかりみている現状を危惧している。そのため、組下の者を引き立て、励ましていくような取り扱いを考えるのが重要としている（「公務愚案」）。

老中の松平定信が関心を示した「愚案條々」だが、実は森山孝盛から直接、定信に提出されたわけではない。定信が同書を閲覧できたのは、小普請組

中川忠英

支配の松平乗季のもとで組頭を勤める、中川忠英（ただてる）の存在があったからである。

中川は、天明八年九月に目付となり、寛政七年（一七九五）二月より長崎奉行を勤めた。その後も勘定奉行、大目付と昇任をかさね、文政五年（一八二二）六月には留守居にまで到達した（『新訂寛政重修諸家譜』五・『柳営補任（りゅうえいぶにん）』一）。留守居とは、旗本が就くことができる最高位の一つである。このように、順調な出世を遂げていったことからも明らかだが、孝盛にとって中川は、きわめて優秀な同僚であった。その中川が、孝盛と定信とを結びつけた。

中川は、定信の用人と心安い関係にあり、日常的に政務のことを議論していた。そのようなとき、中川は孝盛から「愚案條々」を受け取った。天明八年二月、中川が用人に「同書」をみせたところ、用人は、定信にも読んでほしい、といって持ち帰った。定信が一読

したところ、第二・第三条に大そう関心を示した。そして用人に、孝盛に「愚案條々」の趣旨は他言しないように伝えること、と申し渡している。定信の指示は、用人より中川を介して、孝盛の耳に入った（「公務愚案」）。

さて、定信は「愚案條々」によって、孝盛という存在を知った。そして、「同書」の第二条があればこそ、天明八年八月付で小普請組支配に法令を出せたのであろう。定信と孝盛は、以後も協力して小普請組の改革を推し進めていくのである。

世話取扱の設置

天明七年、小普請組において御用取扱を勤める九名は組頭の森山孝盛に、勤仕並にしてほしいという願書を提出した。孝盛には組頭として、在職中に成就させたい問題が二つあった。その一つが、今回の御用取扱からの願い出である。そのため孝盛は、前述したように小普請組支配の酒井忠敬に存寄書を差し出す際、同書の第一条に御用取扱のことを記している。

このとき、酒井は小普請組支配の筆頭であった。酒井は、孝盛からの願い出について同僚たちと協議をかさね、老中の松平定信に、その成果を報告した。これにより、定信は御用取扱に、ほどよい格式を付与したいと考え、孝盛や酒井とたびたび内談している。

定信が右のように考えた理由だが、御用取扱の者たちが、これまで小普請金を支払いつつ、冥加のためと申して尽くしてきたからである。しかし一方で、彼らは格式など与えられなくても、御用取扱の仕事を担ってきた。それをいきなり評価し、厚遇すれば、かえってよくないことが起こるかもしれない。これらを勘案し、定信は一名の小普請組支配に五名ずつ御用取扱を付属させ、その職には一〇〇〇石未満の者を選び、在任中は小普請金の支払いを免除することにしたのである。

以上の議論を経て、寛政元年六月一七日、酒井は自宅に御用取扱を勤める者を呼び寄せた。このとき呼び出されたのは、稲生五郎左衛門・戸田六兵衛・大道寺小膳・石原権助・奥山佐左衛門の五名である。酒井は彼らに、以後は勤仕並とし、小普請金の支払いは免除する、と申し渡した。これにより、小普請組の御用取扱は以後、世話取扱と称されるようになった（『自家年譜』寛政元年六月一九日条・「公務愚案」）。

世話取扱の勤め方

寛政元年六月二四日、小普請組支配の酒井忠敬は組頭の森山孝盛に、世話取扱に申し渡す条文を考え、書き綴ってほしい、と連絡した。これをうけて孝盛は、七ヵ条からなる内存書を認め、封印して酒井へ提出した（『自家年譜』寛政元年六月二四日条）。その内容は、次の通りである（「公務愚案」）。

第一条　小普請組の世話取扱を勤める者たちは、①小普請組支配からその家来に至るまで、間違ったことをしているとの噂、②同僚のなかで難儀におよんでいること、などを聞いたとする。あるいは気づいたことがあれば、遠慮なく森山たちのところまで内々で報告するようにする。森山たち組頭ならびにその取り計らいに、よろしくない・不相応な点があることに気づく、または森山たちのことで噂を聞いたならば、遠慮なく小普請組支配まで内々で申し上げるようにする。世話取扱のことは、森山たち組頭のなかで相互に申し合わせ、気づいたことはすべて小普請組支配へ申し上げるようにする。今後、以上のように相互を監視するようになれば、小普請組が静謐になる一助になるのではないか。

第二条　このたび小普請組の世話取扱という職が設けられ、その職務も定まったのであれば、世話取扱の者は油断なく小普請の者を気づかうこと。小普請の者について、少しでも心配なことを聞いたならば、組頭と内々で相談し、該当者を見舞うようにする。該当者が長病あるいは長らく面談を欠席していれば、様子を調べて組頭と相談のうえ、ときどき見回るようにすべきか。

第三条　小普請組の世話取扱を勤仕並とすること、このたび新規に仰せ付けられ、以後そのようになった。これは、各職における世話取扱の模範ともなるべき事態である。そうであるからには、世話取扱の仲間内において語り継ぎ、幕府が他職へ指示するときに、例にあげられるぐらいの存在にならなければならない。小普請組においては、世話取扱を勤仕並にしたところ、風儀もとりわけ物静かになった、と。そうでなければ、幕府のためにもならず、無益である。

第四条　世話取扱の仲間内においては新旧の差別なく、どのような考えであっても幕府のためになることは、遠慮なく申し出る。そして、相互に隔たりなく申し出について相談のうえ、採用するようにさせたい。もっとも、仲間内での音信・贈答、組下の小普請からの音信・贈答は、決して受納してはならない。さらに、身近な知り合い・懇意による依怙贔屓（えこひいき）など、堅く慎ませること。

第五条　殿中（でんちゅう）ならびに諸願御礼の名代（みょうだい）について、世話取扱の者が必ずしも勤める必要はないのではないか。つまるところ、名代を勤める者が適切でないとき、世話取扱は差し迫った御用があることを心得ていないので、代りを勤めている。今後、諸願書を提出するときは前もって、世話取扱は名代を勤める者と、その用意などについて相談する。そのうえで、名代を勤める者が小身などで適切でないときは、御用に支障が出ないようにして勤めるべきか。

右について、全般を世話取扱に頼み、挨拶もしないというのはあってはならない。しかし以前は、①世話取扱より相手に対して謝礼などを望む、②世話取扱より別人を介して相手に、金品を贈ってほしい素振りなどみせ、過分の礼物をもらうようなこともあった、とたびたび聞いている。①・②のことは厳しく慎むこと。ただし、世話取扱として適切な寸志をもらうのは別である。

第六条　宅番のとき、または大的その他で諸入用がかかるとき、その割合などは組頭と内談のうえ厳密に取り扱う。入用については帳面に認め、組頭にみせること。

第七条　世話取扱を勤める者は仲間内において、内々で寄合を開いていると聞いた。組頭の寄合でさえ、御用もないときは人が入れ替わるだけで、無益なようにみえた。世話取扱は、必ず寄合があるというのはいかがであろうか。このたびの定め次第で、後には世話取扱の寄合が、開くのも大変なものになってしまう。しかし御用も多いときは、一同で参会しなければ分別できない。今後は寄合の名称をなくし、世話取扱の者には、そのときどきで参会・評議させるのがよいのではないか。もっとも、寄合は小普請組支配・組頭ともに、手弁当で行っている。そのため世話取扱は、とりわけ手弁当で行うのがよい。

内存書の反響

小普請組支配の酒井忠敬に提出された内存書には、森山孝盛の主張が存分に記されていた。内存書を読んだ酒井は、孝盛の意見に大そう満足し、世話取扱の職務について、これを原案に同僚たちと相談した。そうしたところ、趣旨に異論はないが、文体などで修正すべき点、具体的に定めておくべき点がある、との結論に至った。

たとえば第一条において、小普請組に所属するすべての者たちの噂に注意する、との記述がある。これでは、世話取扱が隠し目付（＝隠密）のようになってしまうが、いかがであろうか、との意見が出された。そのため、世話取扱が噂を拾う範囲は、自身が所属する組内に限定させることにした。

ついで第五条の問題は、世話取扱の者に対し、①謝礼については相手方より贈ってきた品々を書き記して届け出ること、②同僚宅で馳走などをうけるときは、その献立を記して報告するように申し渡すことにした。

また第七条の、世話取扱の寄合については、小普請組支配の自宅に集まらせ、居残って用談させるべきである。しかし以前に、世話取扱の者たちより、小身の者に関わる問題で内々にすませたいこと、彼らのもとへ赴いて見分などが必要なこと、これらの点は小普請組支配には聞かせ難い、との申し出があった。世話取扱の者には今後、そのような場合は小普請組支配に届け出て、寄合をするように申し渡すことにした。

以上のように、修正の入った孝盛の意見は、小普請組支配より世話取扱の者たちに通知された。これまでの検討により、孝盛は世話取扱の設置だけでなく、その職務内容の決定に際しても、重要な役割を担っていたことがわかる。

石井勝之助の就職

森山孝盛が小普請組の組頭として、成就させたかったもう一つの問題が、組下にいる石井勝之助の就職であった。石井は、家禄が二〇俵二人扶持で羽織格、家筋は同心の者である。彼は、本間拙斎の弟子として剣術に励み、神道流（しんとうりゅう）の免許皆伝であった。以前に武術見分があったとき、石井の腕前は一番よく、しかも竹刀を緞子（どんす）の袋に入れて持参した。さらに脇差は、お歴々の誰よりもよいものを差していた。これにより、石井は小普請組支配の酒井忠敬の目にも留まることになった。孝盛が提出した存寄書の第二条により、酒井が武術見分に参加していたことが功を奏したのである。

この状況をみて孝盛は、酒井に石井を就職させたいと強く願い出た。その結果、寛政元年九月、石井は紅葉山火之番（もみじやまひのばん）に任じられた。この職の役高は六〇俵、格式は羽織格より上の上下格であった（『自家年譜』寛政元年九月一八日条）。

なお、孝盛はどのような理由で石井を就職させたいと考えたのか。この問題につき、石井の人柄や剣術が優れているから、という点はあるだろう。しかしそれだけでなく、石井が少給かつ酒井の目に留まった、という点が重要であった。

すなわち、石井は少給のため、就職すれば足高の支給をうけることになる。前述したように、そのような者は推薦してもらえない、というのが近ごろの風潮であった。この状況において、石井は酒井も注目する存在であった。そのため、孝盛が石井を就職させたいと願い出れば、酒井も老中へ推薦してくれる。そして、実際に石井が就職すれば、自身の家禄が少ないことで、努力しても就職できないと考えている者たちを発奮させる、実例にしたかったのであろう。

組頭の一人役化

小普請組の組頭を勤める森山孝盛は、寛政二年九月に徒頭となり、同三年五月より目付に移った。それから七ヵ月後の同年一二月、一名の小普請組支配に二名ずつ付属していた組頭は一名に減員された。その理由として、老中の松平定信が目付の中川忠英と孝盛に、両名は以前に組頭を勤めており、何か意見はあるかと質問していた点があげられる。

それでは、中川と孝盛は定信に、どのような意見を述べたのか。中川は不明だが、孝盛については以下のように語っている。すなわち、小普請組の組頭は従来、番方から起用された者と、小普請のなかで他者を世話していた者により構成されていた。小普請より組頭になった者は、小普請組支配の意向を伺いつつ職務を遂行し、思い切った取り扱いはしない。彼らにとって、職務の中心は小普請組支配だからである。したがって、小普請の一名ずつに目を懸けた取り扱いは無理であり、そのことが組下の迷惑になっていた。

一方、他の職場で苦労をし、それから組頭になった者がいる。彼らは、小普請組支配を核とする小普請組を、世界のすべてと考えていない。そのため、小普請組においてのみ通用するような取り扱いはせず、どんどん仕来りを変えていく。これが、小普請それぞれにとって、よい環境をもたらしていくことになる。

孝盛が、他所から小普請組の組頭になった者を褒め、小普請より組頭になった者を批判しているのは、自身が大番から組頭になったからである。そのため、孝盛の意見が本質を突いているかどうか、定かではない。しかし、定信は孝盛に、組頭が一名になることを通知した際、一名は小普請より選ばないようにするつもりだが、どうであろうかと意見を求めている。孝盛が、それは早計ではありませんか、と答申したことにより、このことは沙沙汰止みとなった。ただし、定信と孝盛とのやりとりから、孝盛の見解が定信の心を打ったことは、確かといえよう（「蜑の焼藻」）。

以上のことから、孝盛は小普請組の組頭に在職中、小普請組の組織改革に着手した。その改革は、ときの権力者であった定信の協力もあり、本格化していく。さらに、組頭より転職した後も、孝盛は小普請組の改革に関わっていたことが判明する。

立身出世を目指した男たち

堀内氏有と湯之奥金山

堀内氏有とは

寛政一二年（一八〇〇）五月二五日、甲府勤番(きんばん)を勤める堀内氏有は、詐欺を働いたとの理由で改易(かいえき)に処せられた。これにより、武家としての堀内家は潰れるが、この事件では彼の他、多くの者が処分されている。

事件が起きた背景には、旗本・御家人が置かれていた当時の状況や、幕府の御家人になりたいという者の存在があった。以下、氏有が起こした詐欺事件を検討し、一八世紀末から一九世紀初頭に至る幕府の人事政策について考えてみよう。

氏有は、三〇〇俵取の旗本天野正勝の次男として生まれ、宝暦三年（一七五三）八月に、二〇〇俵取の旗本堀内久豊のもとへ養子に出された。そして、明和三年（一七六六）一二月に三〇歳で堀内家を相続し、安永四年（一七七五）二月より甲府勤番として甲府に居住することになった。

甲府勤番は、八代将軍吉宗が享保九年（一七二四）に甲府藩主柳沢吉里を大和国郡山へ転封させ、幕府の直轄地となった甲斐国に設置した職である。同職は、甲府勤番支配の指揮のもと、甲府城の警衛などを職務とした。基本的に世襲の職であり、任じられた家は以後、甲府に住み続けることになった。

なお、江戸での華やかな暮らしが当たり前である旗本にとって、甲府への移住は耐え難いものであった。そのため、率先して甲府勤番になりたいという者は現れず、結果として同職には、勤務成績や行状の良くない者が任じられることになった。これにより、甲府勤番になることは、「山流し」などと揶揄されていた。

このような状況において、堀内家には「先祖より持ち伝え候金山の儀を彼是相認め候旧記」が残されていた。この旧記をもとに、氏有は甲府勤番としての職務を勤めるなか、甲斐国湯之奥金山（＝現在、山梨県南巨摩郡身延町）の開発に着手する。そして、江戸への返り咲きはもちろん、幕府において独自の地位を築こうとしていくのである（『新訂寛政重修諸家譜』一二・「吟味物口書一件」）。

図12　門西家のある湯之奥集落（甲斐黄金村・湯之奥金山博物館提供）

湯之奥金山　堀内氏有が開発に着手した湯之奥金山とは、中山・茅小屋（かやごや）・内山の三金山を総称したものである。これらの金山は戦国期、武田氏の有力家臣であった穴山氏によって、本格的に開発されたといわれている。そして、武田氏の滅亡から将軍吉宗による甲斐国の直轄化に至るまで（一五八〇〜一七二四）、目まぐるしく変わる領主のもと開発・管理されていった（『湯之奥金山遺跡の研究』）。

ここでは、近世初期から氏有の登場に至るまでの湯之奥金山の開発について、湯之奥村で代々名主役を勤めた門西家の史料からみてみよう。なお、以下〇〇号と出典を記す場合、それはすべて『湯之奥金山遺跡の研究』に収録される「門西家文書」からの引用となる。

湯之奥金山の開発について確認できるのは、内山と中山の両金山の者が慶安三年（一六五〇）七月に、運上間歩（まぶ）（＝坑道）の所有をめぐり争ったのが最初である（一一号）。貞享三年（一六八六）七月には、茅小屋村の間歩主が妻子を質に入れ、新間歩の開削資金を獲得した（一九号）。しかし間歩主は、元禄一四年（一七〇一）一〇月に至り、開削は失敗と判断したようである（二八号）。

これら地域住民による開発に対し、享保期には、山師と総称される鉱山業者の参入がみられた。たとえば、和久屋源左衛門という者は享保一六年一〇月付で湯之奥村の名主・長（おさ）百姓（びゃくしょう）に、①山々を見分したところ、湯之奥の奥山において銅筋を発見したので試掘した、②幕府に銅筋の開発を上申するので、代官所へよろしく伝えてほしい、と連絡している（五一号）。しかし、湯之奥村の名主が同一九年一一月付で甲府代官の江守止虎に出した報告書をみると、和久屋の他にも山師たちが山々の見分と試掘を繰り返しているが、鉱物はまったく産出していない（三〇六号）。

図13　門　西　家（甲斐黄金村・湯之奥金山博物館提供）

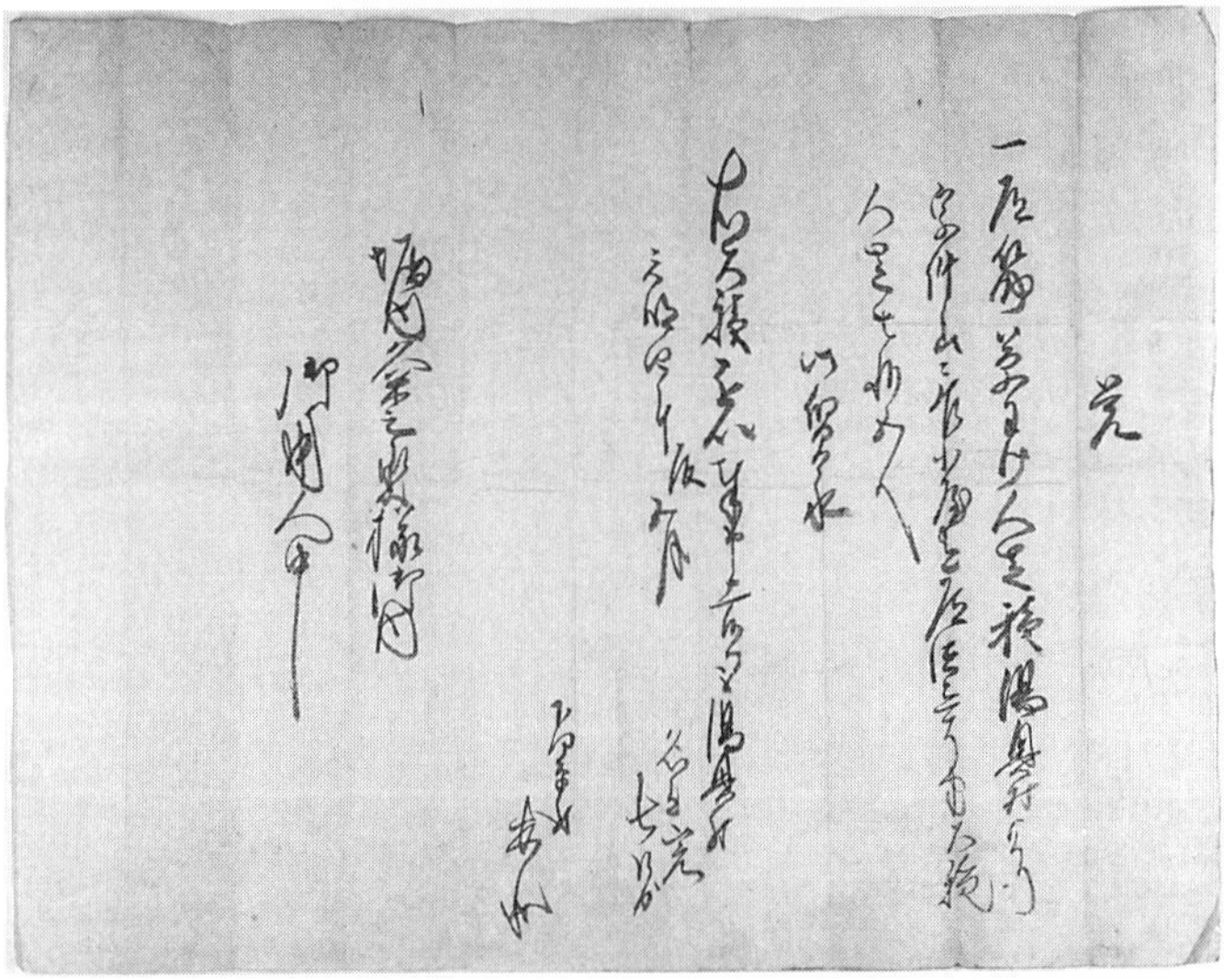

図14　「門西家文書」（350号，甲斐黄金村・湯之奥金山博物館提供）

氏有の金山開発

堀内氏有が湯之奥金山の開発に着手したのは天明期からである。天明元年（一七八一）、氏有は幕府に、金山開発のため甲斐国の諸山を見分したいと願い出て、認められた（「吟味物口書一件」）。氏有の見分中、甲府御蔵付の中井清太夫が同二年一二月に甲斐国の金山御用掛に任じられ、中井の手先である鈴木三十郎が下旬より、湯之奥村の持山において採掘を開始した。しかし、その作業は翌年八月には頓挫し、最終的には氏有が引き継ぐことになった（七九号）。

湯之奥金山における先人たちの失敗をうけ、氏有は最初、採掘を進めていくための基盤整備に着手した。すなわち、氏有は天明四年五月より同八年八月までの間、中山金山の来歴および金の産出量を調査する一方、湯之奥村から中山金山に至る道程を開発した（八〇・三五七号）。その一方で、佐渡国の地役人などを引き連れ、甲斐国の諸鉱山を精力的に見分している（「甲府御用留」・三二六号）。

以上の活動にもとづき、氏有は天明八年より、中山金山において五本の間歩を掘り始めた（九一・三〇三号）。そして、寛政四年八月には、この間歩から産出した金を吹金（＝灰吹法（ふきほう）で抽出した金のこと）にして、幕府に上納した。これにより、氏有は江戸城の躑躅（つつじ）の間に召し呼ばれ、老中の松平定信（まつだいらさだのぶ）より金三枚を拝領する、という栄誉を賜ったのである

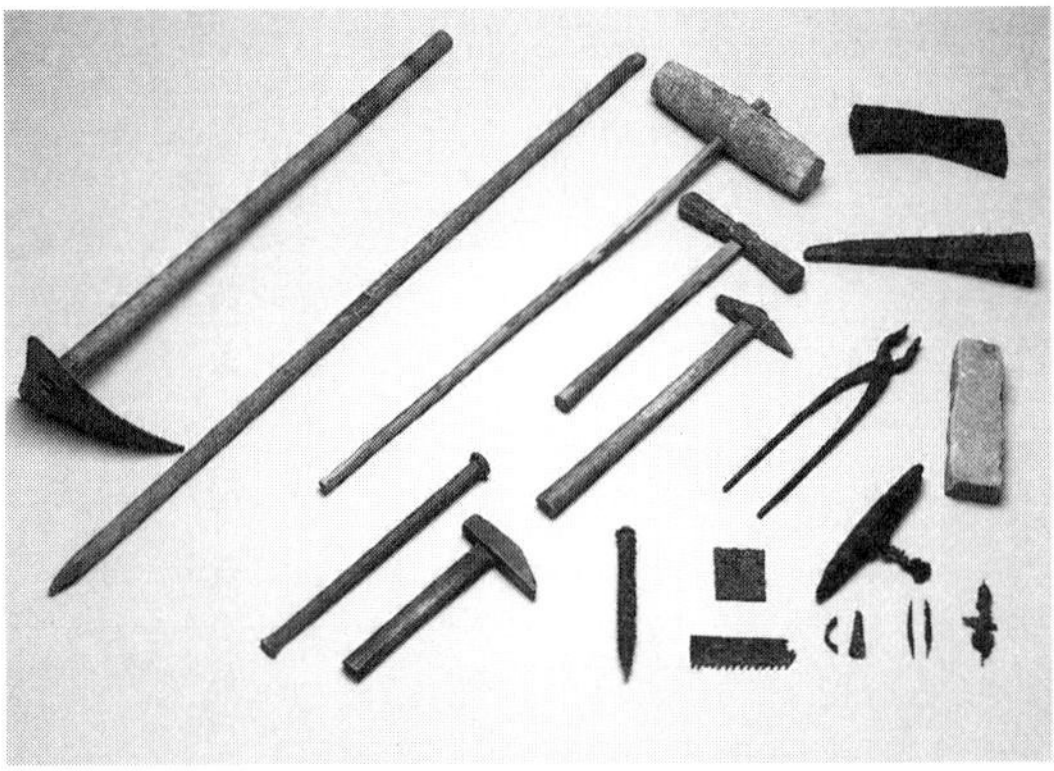

図15　江戸時代の鉱山道具（甲斐黄金村・湯之奥金山博物館提供）

（「柳営日次記」寛政四年八月一五日条）。

鉱山開発の本格化

このとき、堀内氏有は老中の松平定信より、開発について新たな権限を与えられている。その内容は、甲府勤番支配の永見為貞と大久保教近が寛政四年八月付で、甲府の町年寄に出した触書から知ることができる。すなわち、氏有が甲斐国の金山・銅山・鉛山の開発について手広く扱うことになったので、考えのある者は同人に申し立てよ、というものであった（「甲府御用留」）。

この権限にもとづき、氏有は寛政八年七月より新鉱山の捜索と旧鉱山の再開発を開始する（三一〇号）。そして八月には、湯之奥の中尾根には鉱物が存在すると見立てして、間歩を掘り始めている（三一二・三一三号）。

これらの成果が認められ、氏有は寛政一〇年、幕府より甲州金山方の御用掛に任じられる。そして、開発資金として金三〇〇両の拝借を認められている。氏有に対する幕府の期待のほどがうかがえよう。

開発のからくり

堀内氏有の鉱山開発が軌道に乗った背景には、労働者を無賃で確保することができた、という点がある。それを可能にした理由について、氏有が知人に語った内容からみてみよう（「吟味物口書一件」）。

第一に、寛政四年より幕府へたびたび吹金の上納を行っている。そのため、特別に家来・金堀・掛の者などを抱え入れ、なかには手下として金山のことを取り扱わせている者も存在する。

第二に、金山の開発資金を始め必要経費は、他から借りている。幕府に吹金を上納すれば、引き替えに同等の元文金が貰えるので、借金はそれで返済している。

第三に、幕府への上納額が増え、一万両の元文金と引き替えになったとする。そうすれば、四公六民の割合により四〇〇〇両は幕府に納め、六〇〇〇両は金山に関わっている手先や家来に至るまで、身分相応に分配するつもりである。

第四に、六〇〇〇両についてはいずれ、同等の米で支給されるように願い出る。その米を手先や家来などに扶助すれば、幕府の扶持人のようにみえる。さらに、金の産

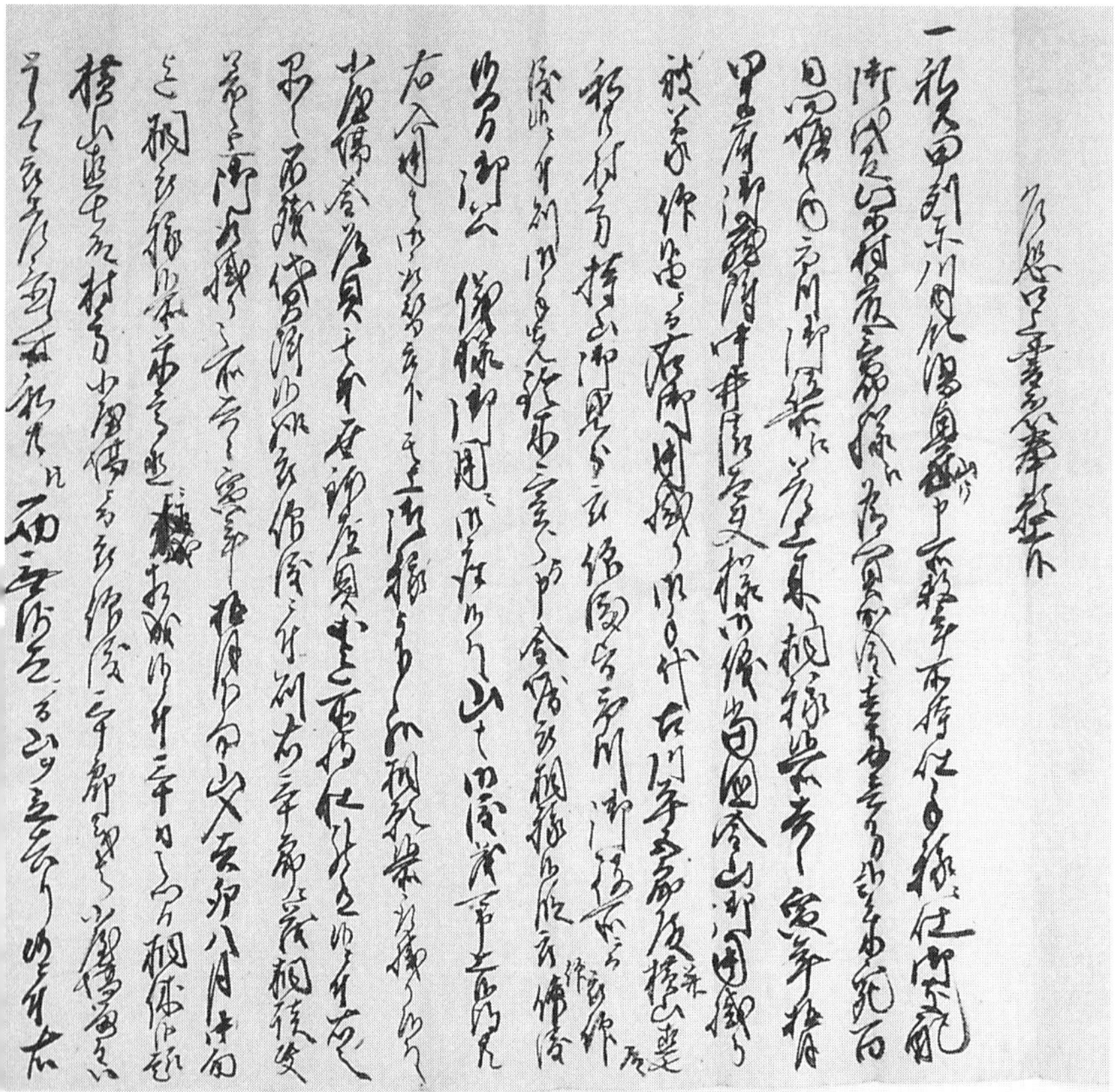

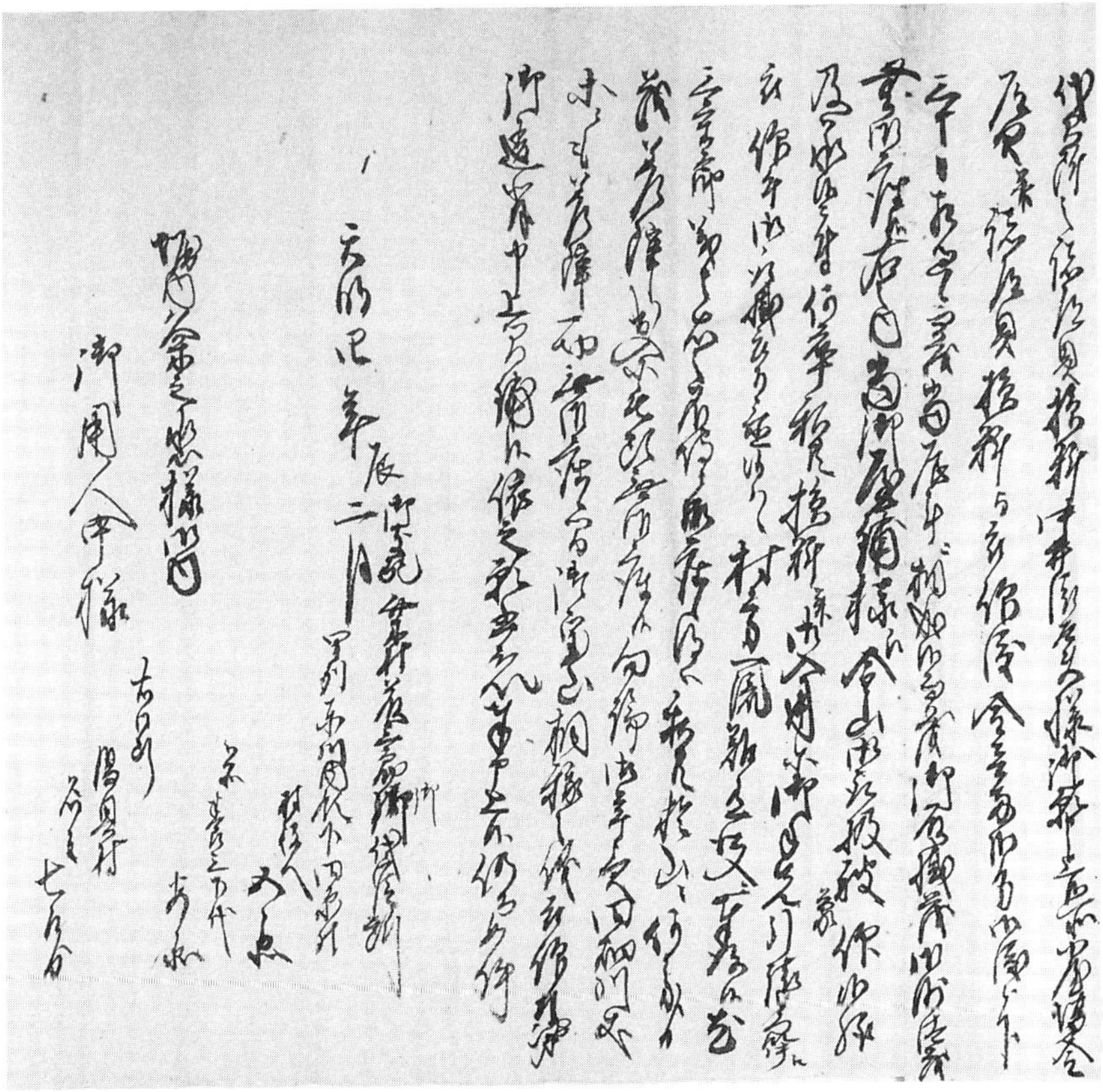

図16　「門西家文書」(347・348号，甲斐黄金村・湯之奥金山博物館提供)

出量が多くなれば、幕府に手先・家来が精勤している旨を申し出る。そして、侍は御家人、百姓・町人は御用達（ごようたし）などを仰せ付けられるように願い出るつもりである。

以上の話は、知人の口から各地へ広まっていった。その結果、氏有が出府したときには知人を介し、手先や家来になりたいと申し出る者が現れた。これに対して氏有は、しばらくは給金を支払えないことを条件に、その身元も調べず、部下として召し抱えている。氏有の鉱山開発は、幕府の御家人あるいは御用達になりたいという人々の立身願望により支えられていたのである。

部下たちの思惑

堀内氏有が起こした詐欺事件について、関係者への処分の申し渡しは、大目付の井上利恭、町奉行の小田切直利、目付の松平栄隆が立ち会いのもと、評定所において行われた。その全容を整理したのが表5であり、氏有と勝忠昌への申し渡しは井上、それ以外の者は小田切が担当した。表5によれば、氏有には部下として、手先と家来が従っていた。

まず手先だが、鷲秀甫・村田栄助・能勢源十郎・引佐貞蔵・善八・新八の六名、彼らの肩書は、盲人、他家の家来、他家の家来、浪人、町人、百姓である。ついで家来は、原孫四郎・戸田七左衛門・本郷喜平太・高木桂蔵・北澤虎蔵・藤田与九郎の六名、いずれも主

表5　堀内詐欺事件の関係者一覧

番号	氏名	肩書	尋問	判決
一	堀内氏有	甲府勤番／瀧川利雍支配	②	改易
二	勝　忠昌	小普請／船越景範支配	③	差控
三	鷲　秀甫	堀内手先／盲人／先手同心鷲郡助父	②	惣録へ引き渡し
四	村田栄助	堀内手先／小普請小林正規家来	②	軽追放
五	柴山左内	西丸持弓頭同心柴山弥五郎大叔父	①・②	押込
六	塚越代右衛門	小普請富士信清家来	①・②	急度叱り
七	能勢源十郎	堀内手先／小普請組支配世話取扱助天野藤十郎家来	②	暇の申し渡し
八	原孫四郎	堀内家来	①・②	
九	戸田七左衛門	堀内家来	②	暇の申し渡し
一〇	本郷喜平太	堀内家来	②	五〇日の押込
一一	高木桂蔵	堀内家来	①・②	五〇日の押込
一二	北澤虎蔵	堀内家来	①・②	一〇〇日の押込
一三	藤田与九郎	堀内家来	①・②	構いなし
一四	本郷寿碩	持弓頭同心中嶋次太夫地借医師	①・②	構いなし
一五	引佐貞蔵	堀内手先／西河岸町利助店浪人	①・②	江戸払い
一六	喜右衛門	四谷長安寺門前家主	①・②	急度叱り
一七	山　七	佐吉／柳原岩井町与市店	①・②	過料四貫文

番号	氏名	肩書	尋問	判決
一八	吉兵衛	糀町一三町目久兵衛店	①・②	構いなし
一九	平三郎	本材木町二町目伝兵衛店平兵衛悴	①・②	構いなし
二〇	茂八	堀内家来古家多助召仕	①・②	構いなし
二一	善八	堀内手先／小池喜右衛門／町人／神田久右衛門町一町目代地源助店文五郎父	②	所払い
二二	新八	堀内手先／伊兵衛／木津新八郎／百姓／神田小柳町二町目家主次右衛門方		過料一〇貫文
二三	武兵衛	小細町一町目久兵衛店	①・②	構いなし
二四	半兵衛	柏木淀橋町家主	①・②	構いなし
二五	土井東民	呉服町徳右衛門店町		過料三貫文
二六	利助	西河岸町家主		急度叱り
二七	久右衛門	柏木成子町吉左衛門店	①・②	

注　この表は、「寛政録」寛政一二年五月二五日条および「吟味物口書一件」により作成した。表において空白の個所は、史料に記載がないことを示している。

人は氏有であった。

右から手先は、他に仕えている主人が存在する、あるいは生業の手段を有しつつ氏有の金山開発に関わっていた者、となる。そして家来は、氏有と主従関係にあって金山開発その他に関与し、同人から扶持の支給を受けていた者、として分類できる。

なお、彼らが氏有の部下に加わった理由として、天明・寛政期における旗本・御家人の家来の生活状況と、幕府による人材登用策の推進があげられる。寛政元年九月に棄捐令（きえんれい）が出されたことからも明らかだが、この時期の旗本・御家人は財政的に窮乏の極みにあった。それにともない、旗本・御家人の家来たちは、自家の再生産すらおぼつかない状況に陥っていた。

また、幕府は田沼意次（たぬまおきつぐ）が老中であったとき、幕府の利益となる政策を上申・実行した者を、積極的に出世させることにした。さらに、老中の松平定信は寛政三年四月に起こった盗妖（とうよう）騒動の経過から、武士たちの義気の低下を感じ取り、武芸上覧や学問吟味といった文武の奨励を推し進めた（竹内誠『寛政改革の研究』）。そして、幕府の利益となる政策の実行者とともに、文武に秀でた者も起用することにした。

この他、御家人株の売買と称される行為が存在した。それはいつごろから始められたのか、その始期は定かではない。生活に困窮した御家人が、自身の身分を金銭で百姓や町人に売り渡す、というものである。御家人株の売買は、売り手と買い手が養子縁組を結ぶ形で行われた、といわれている（高柳金芳『江戸時代御家人の生活』）。

以上の状況を、氏有の部下となった者からみれば、氏有の推挙により御家人になれるかもしれない。なれなければ、金山の分配金で御家人株を購入すればよい。そうすれば、御家人として政策の立案・実行あるいは文武に励み、立身出世を目指すことができる。同じく、推挙により御用達になれなければ、分配金で新たな事業など起こせばよい。いずれにせよ彼らの思惑は、氏有の金山開発に携わり、独立した生計を立てるための基盤を整えることにあったと考えられる。

堀内氏有の集金策

詐欺事件

鉱山を経営していくには、莫大な資金が必要となる。それは堀内氏有のように、幕府への推挙や産出金の分配を餌にして、希望者に無賃労働をさせる場合でも同じであった。なぜなら、氏有は二〇〇俵取の一旗本に過ぎない。湯之奥金山の経営は、幕府や藩が管轄する鉱山に比べ、その財政基盤はきわめて脆弱であった。

そのため氏有は、寛政一一年（一七九九）二月から八月に至り、金山開発の資金繰りに奔走した。氏有の金策は、具体的にどのようなものであったか。また幕府は、それをどのように把握し、氏有を改易（かいえき）に処したのか。氏有に改易を申し渡した同一二年五月付の文書からみてみよう（「吟味物口書一件」）。

申渡書によれば、氏有は勘定所に提出した伺書のなかで、金子を貸し付け、その利分で甲斐国の金山を開発したいと申し出た。それに対し、勘定組頭の勝忠昌は、貸付金の出資元が確かであれば、勘定所で評議して下賜金などもあるかもしれない、と回答した。

氏有はこの回答に執着し、手先と部下に出資元を探すように指示を出した。そうしたところ、氏有の知恵袋であった手先の鷲秀甫より、会所があれば出資を引き受けてくれる者も現れると伝えられ、その意見を採用した。すなわち、氏有は江戸で町家を借り受け、幕府に内緒で鑽鉄の運送場を建設した。そのうえで、勘定所と甲府勤番支配に、運送場を建てたいと上申し、許可が下りれば会所としても使用しようと考えていた。

以上の氏有の行動を、幕府は次の両面から問題とした。一は、勘定所より運送場の建設は見合わせるように指示されたのに、内緒で建てた町家の運送場をその後も維持した。しかも、家来の北澤虎蔵を介して他の部下たちに虚偽の報告をし、勘定所への上申が不採用になった事実を隠ぺいした、という面である。

二は、申込者の身元を調べず、給金なども定めずに手先や家来として雇用した。そして彼らに、いずれは幕府に、御家人あるいは御用達にしてもらえるように推挙する、と嘘を付いた。さらには百姓・町人に、無闇に苗字帯刀を許可していた、という面である。

右の理由で、堀内氏有は改易に処せられた。気になるのは、氏有が貸金業を営みたいと考えるようになった背景である。この点につき、氏有が寛政一一年二月に勘定所へ提出した伺書からみてみよう（「吟味物口書一件」）。

氏有の伺書

①　金山御用掛に任じられたので、稼ぎ方については問題ない。しかし、代官支配の百姓などで山例を乱す者がいても、私の一存では対処できない。このことで代官に掛け合うのは控えており、開発がはかどらない。

②　①に関連して、産出が見込める金・銀・銅・鉛の諸山の開発中、代官より百姓などの身分上の支配権を「御預り」することはできないか。

③　金子の貸付が認められれば、その利分を費用として、以前より廃れている諸鉱山の開発を再開したい。

④　貸付する金子については、利安で出資してくれる者に心当たりがある。貸付について、勘定所において評議してもらえるのであれば、その仕法を申し上げる。

⑤　勘定所において、金子の貸付について差配することが難しいのであれば、私の上司である甲府勤番支配に取り扱いを任せてほしい。その指示にもとづき貸付を行えるなら、出資元にかかわらず、幕府からの下賜金を貸し付ける場合であっても、手

続は簡単である。

勘定所の回答

寛政一一年二月下旬、堀内氏有は伺書への回答を聞くため、勘定所へ赴いた。氏有の伺いは、勘定組頭の勝忠昌が担当した。この勝という人物だが、天明四年（一七八四）閏正月に、譜代の御家人が勤める広敷添番から勘定に昇任し、旗本になった。そして、在職中に東海道・畿内の幕領巡見を担当し、寛政四年二月に勘定組頭格になっている。さらに、同六年七月には越後国蒲原郡の新開地を調査し、同八年三月に勘定組頭になるなど、勘定所における能吏であった（『新訂寛政重修諸家譜』一七）。

勝はまず、伺書において判然としない個所を氏有に確認し、そのうえで、いずれも許可できないと回答した。これに対して氏有は、金山開発のためにも金子の貸付だけは認めてほしい、と主張して、場合によっては評議もあり得る、との言質を引き出した。

さらに後日、氏有は勝宅を訪問し、金子の貸付について、どうすれば勘定所において評議してもらえるのか、と質問した。そして勝から、勘定所へ所持地など確たる担保を差し出せば、場合により下賜金もある、との回答を得ている（「吟味物口書一件」）。

貸付仕法と貸付先

右により、堀内氏有は寛政一一年三月上旬、土地を持っていた手先の新八に、貸金業を営むので所持地を提供するように要求した。これに対して新八は、氏有から苗字帯刀を許され、忰の伊兵衛に所持地を譲ってしまったため、自身の一存で同地を自由にすることはできない、と回答した。そして氏有に、貸付の仕法と貸付先についてどのように考えているのか、と質問している。このとき、氏有は手先の鷲秀甫を招集し、次の通り説明させている（「吟味物口書一件」）。

氏有は鷲に最初、寛政一一年の開発だが、中山金山に一五〇〇両ほども投資していれば、よりはかどったのではないか、と疑問を投げかけた。そのうえで、一五〇〇両を中山金山に投資し、さらに一五〇〇両を出資元に還元しようとした場合、元金はどれほど貸し付ければよいか、と質問している。これに対する鷲の返答は、次の通りである。

①　元金が五万両の場合、一ヵ月あたり五〇両につき一分の利息で貸し付ければ、一年間に三〇〇〇両の利益となる。

②　所持地の提供者が現れ、幕府より五万両ほど下賜されることになったと流布すれば、次第に出資者も増えてくる。

③　とにかく五万両ほど出資させ、それを勘定所に差し出し、旗本・御家人への貸し付けを行いたいと願い出る。

最初に、旗本・御家人に金子を貸し付ける存在として、札差（ふださし）をあげることができる。彼

図17　中山金山坑道16（甲斐黄金村・湯之奥金山博物館提供）

らは寛延二年（一七四九）より年利一八％での貸し付けを認められていた。その後、寛政元年に棄捐令が発令されると、貸借の一部を破棄し、年利も一二％に引き下げられていた（北原進『江戸の高利貸』）。一方、①の利率を年利にあらためると、年三両の利率六％になる。氏有は、札差の公定利率の半分で、旗本や御家人に金子を貸し付けようとしていたのである。

ついで、集めた五万両を勘定所に差し出せば、その金子は公金となる。氏有は、勘定所―氏有―借用者というように、金子の借用希望者と公金の管理機関である勘定所との取次役になろうとした。この点につき、氏有は勘定所に提出した伺書のなかでも、貸付は勘定所あるいは上役である甲府勤番支配の指示により行いたいと主張している。

氏有は、金子を取り扱うのであれば公金、という一貫した考えを持っていた。公金の貸付にこだわったのは、①公金の貸付として宣伝すれば、利率の低さに不安を抱く者も安心して借用を申し込んでくる、②公金であれば借用者も期限内に返済しようとするし、借用者との間で問題が生じても奉行所が取り扱ってくれる、などの理由からであろう。

武士を食い物にする武士

寛政一一年六月一五日、勘定所は堀内氏有に、貸金業についての考えを報告するように指示した。氏有が設立予定の貸金業者をめぐり、世間においてさまざまな噂が流れていたのである。勘定所としては、ことの真相を把握しておく必要があった。これにより、氏有は次の書付を勘定所に提出した（「吟味物口書一件」）。

①　一〇〇石から五〇〇石までの旗本・御家人に、一〇〇石につき一五両まで貸し付け、一ヵ月あたり五〇両につき一分の利息を取るつもりである。

②　貸付金は、知行取には年貢、蔵米取には冬に支給される切米で、返済してもらうつもりである。

③　出資元が付けば、貸付の対象を一〇〇〇石以上の者にまで拡大する。しかし現段階では、五万両の貸付から一ヵ年に三〇〇〇両の利息を取り、そのうち一五〇〇両は金山開発の費用に充て、一五〇〇両は出資元に渡すつもりである。そのため貸付

による実質的な取り分は、一〇〇両につき一分となる。

④　産出した金銀を上納し、幕府から貰える引替金は、すべて出資元に渡すつもりである。

右の算段で、旗本・御家人から一ヵ年に三〇〇〇両の利息を得ようとした場合、最大で二〇〇〇名、最少で四〇〇名に貸し付ける必要がある。この点から氏有は、旗本・御家人は窮乏しており、低利の話を持ちかければ、誰しも借用を申し込んでくる存在とみなしていた。勘定所から許可さえ出れば、貸付はうまくいくとの考えは、氏有自身、二〇〇俵取の旗本であり、彼らと同じ境遇にあったことからの着想であろう。

集金策の破たん

堀内派の一斉検挙

寛政一一年（一七九九）九月三日、老中の松平信明は町奉行の小田切直利に、勘定奉行から受け取った堀内氏有に関わる書類を渡した。

そして、氏有が内々で貸金業を営むための会所（かいしょ）を建て、柴山左内（＝西丸持弓頭（もちゆみがしら）同心柴山弥五郎の大叔父）が同所の世話人を務めていることについて、その動向を探るように指示を出した。

九月六日、小田切は柴山のもとへ、定廻（じょうまわり）同心の飯尾藤十郎を派遣した。飯尾からの報告で、柴山が会所の世話人を務めていることを確認した小田切は信明に、柴山など六名の世話人を一斉検挙したいとの伺いを立てた。九日、小田切は信明に「承付」（＝回答・指示に対する請書）を提出し、原孫四郎など一六名を捕縛・尋問した（表5「尋問」①を参照されたい）。

九月一八日、小田切は信明に伺書を提出した。その内容は、吟味のため氏有を甲府から町奉行所へ護送するように、甲府勤番支配の瀧川利雍に申し渡してほしい、というものである。この伺いは認められ、小田切は二八日、目付の松平栄隆と評定所（ひょうじょうしょ）において、氏有など二三名を尋問した（「尋問」②参照）。

この事件は、大目付の井上利恭、小田切、栄隆の三名が三手掛（さんてがかり）として担当することになった。三手掛とは、評定所における刑事裁判の手続で、御目見（おめみえ）以上の武士の罪を問い質すため、臨時に設けられた掛のことである。

一二月六日、三手掛は信明に、小普請組支配の船越景範に、吟味のため小普請の勝忠昌を評定所に出頭させるように指示してほしい、と上申した。勝は、氏有の事件に連座して九月二四日、勘定組頭の職は不相応との理由で小普請に入れられていた。一二月八日、三手掛は信明に、勝の尋問を行ったことを報告している（「尋問」③参照）。

このように、氏有とその関係者への尋問は何度も行われた。町奉行所では、各人の自白にもとづき調書などが作成された。翌年三月一日には、小田切より井上のもとへ、氏有に対する御仕置伺案が送付され、修正した個所があるので一覧してほしい、との連絡が入っている。井上は同案を一覧後、「存じ寄りこれなし」（＝意見はない）として栄隆のもとへ送付した。栄隆も同案に対して異論はなく、すぐさま小田切に返却している（「吟味物口書一件」）。

勝と三手掛の問答

以上の経過を経て、寛政一二年三月七日、三手掛は評定所において、堀内氏有などへ口上書を読み聞かせ、その文面を確認させる口合わせを行った。このとき、勝忠昌は申し立てたいことがあるとして、三手掛に封書を提出した。これにより、勝と三手掛との間で問答が行われた。封書の内容をあげれば、次の通りである（「井上日記」寛政一二年三月七日条）。

勝は、寛政一一年一二月八日に吟味を受けたとき、氏有に下賜金のことを話したのは私の一存であると説明した。しかしその後、手記などを調べた結果、次の二点を確認することができた。勘定奉行の松平貴強が、出資元の身元など確かであれば貸付金については評議する、と申したので、氏有にその通り回答したこと。氏有が寛政一〇年に拝借した金三〇〇両について、貴強は、相談するのも難しい案件のため、氏有には吹金で返済させたほうがよいと申していたこと、である。

封書に対する三手掛の見解は、手記などにもとづく主張では証拠にはなり得ない、というものであった。そのうえで三手掛は、①勝は、貴強が勘定所内座において貸付金のことなど申したとき、同所には他の勘定奉行も居合わせていた、と主張しているが、②貴強が病死したので調べようがない、③他の勘定奉行にも確認したが、いずれも貴強が貸付金のことなど話していたかわからないと申している、と回答した。

判決に至る経過

寛政一二年三月一四日、三手掛は老中の松平信明に、堀内氏有とその関係者、各人の履歴と事件への関与について記した吟味伺書を提出した。それには、氏有と勝忠昌を除いた一六名、各人にどのような処分を下すべきかを記した黄紙下札（おうしさげふだ）が付けられていた。また同日、三手掛は信明に、氏有と勝の罪状について記した短書を提出した。このとき、町奉行の小田切直利も、関係者一六名の罪状と各人への処分について記した上申書を提出している。

五月二五日、氏有とその関係者それぞれに、処分が申し渡された。処分の全容は、表5に整理した。事件の主要人物をみると、氏有は前述した罪状により改易に処せられた。勝は、①自宅において氏有の申し出を取り扱い、氏有に、下賜金などの件は勘定奉行の松平貴強より伝えられたと回答した、②貴強は病死しており、下賜金などの話をしたかどうか判然としない、という理由で差控になっている（「吟味物口書一件」）。

事件の動機

堀内氏有は、どのような理由で詐欺事件を起こしたのか。これまでの話を整理しつつ、考えてみよう。

まず、氏有は「山流し」などと揶揄される甲府勤番から転出し、江戸への返り咲きと立身出世を果たすため、湯之奥金山の開発に着手した。開発は、湯之奥村から中山金山に至る道路整備や中山金山の産出量の調査など、綿密な準備のうえ行われた。これは、湯之奥地域における鉱山経営に失敗した先人たちと、同じ轍を踏まないためであった。

氏有の金山開発は当初、老中の松平定信に褒賞され、幕府から金三〇〇両の拝借を認められるなど、きわめて順調であった。氏有は、幕府への推挙などを餌にして、御家人あるいは御用達になりたいという百姓・町人などを、無賃で採掘労働に狩り出すことに成功していたからである。しかしその開発も、氏有が湯之奥金山の運営資金を集めるために始めようとした、旗本・御家人への貸金業が幕府に問題視され、氏有の改易という結末をもって終わりを告げる。

なお、氏有の貸金業が幕府に問題とされたのは、許可が得られなかったのにもかかわらず、いつでも営業を開始できるように、その下準備を密かに進めていたからである。氏有は、いかなる理由で貸金業に固執したのか。この点につき考えられるのが、氏有は、湯之奥金山の開発を進めるために貸金業を営みたい、と主張している。それとは裏腹に、実際に採掘して得られる金の量は、とても採算に見合うものではなくなっていた、という可能性である。

湯之奥地域における氏有以前の鉱山開発は、いずれも失敗に終わっていた。そのような背景で、いくら入念な下準備を行っていたとしても、氏有の採掘だけがうまくいくなどあり得ない。鉱山資源は有限なのである。氏有としては、幕府が自身の鉱山事業を評価しているうちに、その拡大を名目に貸金業への参入を認めてもらおうとした。そして、ゆくゆくは鉱山経営より貸金業へと移行していくつもりであったと考えられる。

また、氏有が貸金業への移行を計画したのは、当時の旗本・御家人が置かれていた状況をふまえてのものであった。すなわち、寛政元年九月に棄捐令が出されたことからも明らかだが、このときの旗本・御家人は札差からの借金が累積し、財政的に窮していた。そこに、札差の半分である年利六％という条件を提示すれば、旗本・御家人はこぞって氏有のもとへ金を借りにくる、という算段からであった。

一方この計画は、既存の金融機関である札差の権益を侵害することになる。幕府のスタンスは、申請者の計画を受け入れることで、人々にどのような支障が生じるか、関係者から事情を聞き、支障があれば採用しない、というものである。幕府が堀内氏有の申し出を断るのは当然であった。

人事政策の本質

また、勘定所において氏有の申し出を担当したのは、勘定組頭の勝忠昌である。勝は三手掛に提出した封書のなかで、氏有の案件は勘定奉行の松平貴強の指示により取り扱っていた、このことは他の勘定奉行も承知している、と主張した。この点につき、勝は御家人が勤める広敷添番から勘定組頭にまで出世した能吏であった。しかも勘定所において、奉行と組頭は密接な関係にあった。

右を勘案すると、幕府は最初、氏有の金山開発に魅力を感じていた。そのため、氏有から貸金業を営みたいとの伺いがあったとき、勘定所は勝を窓口として対応した。しかし氏有の行動に不審な点がみられ、結局は氏有と勝の両名を切り捨てた。これは、勝から報告をうけていた貴強がすでに亡くなっており、しかも勝の主張に耳を貸せば、両名のみならず勘定奉行たちをも処分しなければならなかったからであろう。

最後に、氏有は幕府への推挙を餌にして、立身出世を果たしたい者たちを無賃で働かせていた。この問題は、氏有が改易に処せられるときの罪状の一つになっていた。氏有が無賃労働をさせるようになったのは、遅くとも寛政四年からであり、判決が出たのは同一二年であった。この間およそ八年余りあるが、幕府は無賃労働の件をどのように理解していたのか。

氏有が知人に語った金山開発に関わる話は口コミで広がり、氏有のもとへは立身出世を遂げたい者たちが集っていた。そのような状況を、幕府がまったく把握していなかったとは思えない。おそらく最初、幕府は無賃労働の件を黙認していた。氏有の金山開発が、幕府に利益をもたらす可能性を秘めていたからである。その一方で幕府は、氏有の行為が不都合になれば、すぐさま切り捨てる考えであった。無賃労働の件は、そのための口実であり保険であった。このような姿勢こそが、一八世紀末から一九世紀初頭に至る幕府の人事政策の本質であったといえよう。

一つの職に異なる存在

財産没収の執行人

身分と格式

八代将軍吉宗より一一代家斉に至る期間において、旗本・御家人の人事に関わる仕組みは大きく変容した。大まかにいうと、幕府の人事制度は、譜代の家格を有する御家人が、旗本が勤めるべき職に就くと旗本に昇進し、抱席の家格を有する御家人が、譜代の者が勤めるべき職に就くと譜代へと昇格する、というものであった。

それがまず、享保三年（一七一八）二月に出された法令において、抱席の者は以後、譜代の者が勤めるべき職に就いても譜代へと昇格することはできない、と改定された（『御触書寛保集成』一〇二九号）。ついで同七年六月付の法令で、譜代の者が勤めるべき職に就き、在職中に「御譜代同意」との申し渡しをうけた抱席の者は以後、譜代として扱うと定めている（『同』九九〇号）。さらに延享四年（一七四七）三月付の法令では、それまで禁じていた、譜代の者が抱席の者が勤めるべき職に就くことを許している（『御触書宝暦集成』八二二号）。

また家格令と称される、寛政三年（一七九一）一二月付で出された法令は、「永々　御目見以上」の申し渡しと「引き下げ勤め」という二つの規定を設けている。前者は、御家人より旗本が勤めるべき職に就いて旗本になっても、当人かその息子が幕府より上記の申し渡しをうけなければ以後、孫の代から御家人の身分に戻される、というものである。後者は、家禄の少なさなどがネックとなり、職に就くのが困難な旗本に職歴を付けさせることを目的とする。幕府は旗本に、譜代の御家人が勤めるべき職のうち、天守番や富士見宝蔵番など上位のものには就いてよいとしている（『御触書天保集成』五四五六号）。

さて、家格令後の旗本・御家人が就職できる職を細かくみると、㋑旗本が勤める職、㋺譜代（上位）の御家人が勤める職、㋩譜代の御家人が勤める職、㋥抱席の御家人が勤める職、の四種にわけられる。㋑〜㋥は、それぞれ次の者により構成されていた。

㋑……「永々　御目見以上」の旗本とそうでない者

㋺……「永々　御目見以上」の旗本とそうでない者、譜代と抱席の御家人

㋩・㋥…譜代と抱席の御家人

㋺〜㋥において問題となるのは、譜代の御家人が勤めるべき職に就いた旗本など、引き下げ勤めを行う者の存在であった。家格令でも触れられているが、彼らはあくまで旗本であり、たとえ御家人が勤める職に就こうとも、旗本としての格式は保持していた。譜代の御家人が、抱席の者が勤めるべき職に就いた場合も同様である。しかしそれは、身分上のことであり、職務上ではその職が有する格式に合わせなければならない。

すなわち、勤める職において仕事の進め方など変えるとき、それは全体に関わる問題である。そこに、各人の身分や家格は関係ない。一方、就職あるいは辞職など、個人に関わる問題では、手続の進め方から身分や家格の違いが明確となる。以下、闕所物奉行（けっしょもののぶぎょう）とその部下である手代の組織と職務について検討する。そのうえで、一つの職が異なる存在により構成される問題について、手代を素材に考えてみよう。

闕所物奉行と手代

江戸時代における闕所は、追放以上の刑に処せられた者に付加される、財産の没収刑のことである。闕所物奉行は、譜代の御家人が勤める職とされ、江戸在住の旗本・御家人が闕所に処せられたとき、徒目付の立ち会いのも

と、家具や調度類を没収・売却することを職務とした。手代は抱席の御家人が勤める職であり、職務は奉行の指揮のもと上記の作業を担うことであった。また、闕所物奉行は寛永年間（一六二四〜四四）より存在したといわれ、元禄二年（一六八九）閏正月五日に留守居(るすい)から大目付(おおめつけ)の支配になった。

　闕所物奉行について、その身分上・職務上の支配をみると、老中―大目付―闕所物奉行―手代(てだい)と組織されている。したがって、闕所物奉行は自身のことはもちろん、手代からの願い出や伺いで自身では処理できないことは、すべて大目付の指示を仰いでいた。老中および関係各所からの通知についても、大目付から伝えられていた。

　これにより、大目付のもとには、闕所物奉行と手代の身分上・職務上に関わる文書が集まった。幸いにも、埼玉県立文書館に所蔵される『稲生(いのう)家文書』のなかに、大目付の史料群が存在する。そのうち「袋廻(ふくろまわ)シ留」と総称される史料は、天明八年（一七八八）六月より弘化四年（一八四七）三月に至る期間、ほとんど欠年なく残されている（図18）。そこには、闕所物奉行と手代の関係文書が多く収録されている。そのため、闕所物奉行と手代の実態については、「袋廻シ留」をもとに一八世紀末から一九世紀初頭を中心に検討する。なお出典として役儀〇〇と記す場合、それはすべて「袋廻シ留」からの引用を示している。

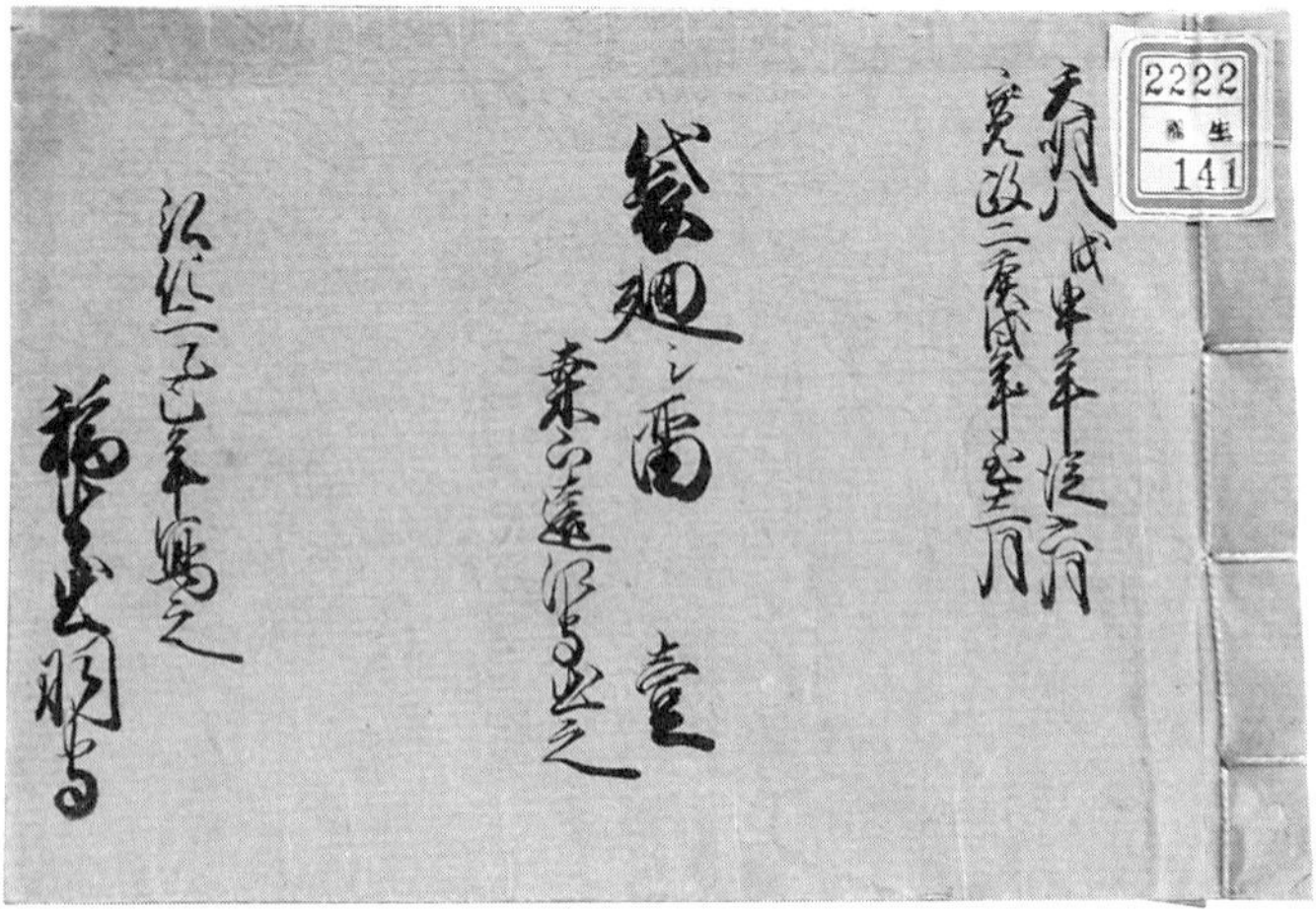

図18　袋廻シ留（表紙，埼玉県立文書館寄託）

人数と組織

「袋廻シ留」のなかに、「人数高取調書付」という表題の付いた史料が収録されている。それは、大目付が毎年二月付で勘定所に提出した報告書であり、大目付・闕所物奉行・手代の人数と役高が記されている。煩雑になるので細かい出典は省略するが、報告書は、寛政三年（一七九一）より天保八年（一八三七）に至る四七年間で、二三年分が残っている。

それによれば、寛政八年まで三名であった闕所物奉行は以後、二名になる。一名あたりの役高は、元高・足高（たしだか）を合わせて一〇〇俵五人扶持である。同様に、手代は五～七名で推移し、一名あたりの役高は、元高・足高を合わせて二〇俵二人扶持であった。

また、闕所物奉行が大目付に提出した、手代への切米・扶持の支給に関わる文書をみると、手代の肩書は「欠所物奉行〇〇組手代」となっている。闕所物奉行が二名になる寛政九年以降を例にすれば、手代は奉行のいずれかに付属していたことがわかる。

さらに、手代のなかに世話役・世話役並・見習が設けられる場合があった。いずれも常置というわけではなく、すべて存在するときもあれば、世話役のみのときもある。世話役あるいは世話役並を任された者は、闕所物奉行・手代間において諸手続の取り次ぎや、見習への教育などを担当した。その見返りとして、両役には役扶持が支給されていた。

以上により、闕所物奉行と手代の内部は、奉行―世話役―世話役並―手代（特定の奉行に所属）―見習と組織されていた。そのうち、世話役・世話役並・見習については、場合により設けられていたのである。

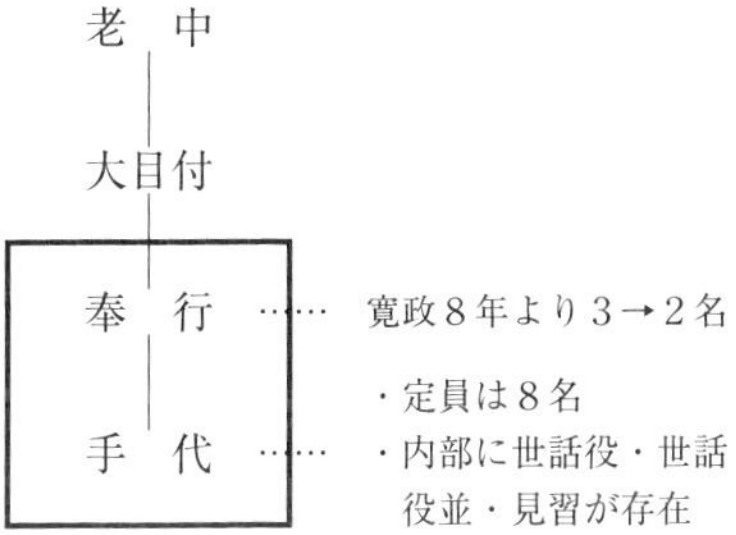

図19　闕所物奉行の組織図

家財の見分と入札

旗本・御家人が闕所に処せられると、その家財に関わる情報は、町奉行より老中を介して大目付に伝えられた。大目付より連絡をうけた闕所物奉行は、家財を見分のうえ入札にかけて売却した（役儀一五〇）。家財の見分より入札に至る経過について、闕所物奉行の服部四郎兵衛・赤佐弥四郎・内海左内が寛政三年一一月付で、大目付に提出した伺書からみてみよう（役儀一四二）。

① 入札にかけられる家財がある場合、徒目付立ち会いの見分は、闕所の処分が確定した日からおよそ三日後に実施してきた。

② 家財見分の前日には、闕所に処せられた者の屋敷や住宅などへ手代を派遣して様子をうかがい、町年寄に家財の入札実施を町触（まちぶれ）するように申し渡していた。

③ 家財の入札は見分を行ったその日に、担当した徒目付と闕所物奉行・手代の全員が立ち会いのもと開催した。落札者からは証文・捺印をとり、その旨は伺書で大目付に報告していた。

④ 大目付より以前、①〜③の手順では、入札結果を報告してからその指示をうけるまでの間に、家財の所在を聞きに来る者がいて、業務に支障が出ているのではないか。たとえば、闕所に処せられた者の親類や、入札に参加した町人などが聞きに来るのではないか、と尋ねられた。

⑤　大目付から④の件で、指示を出す日を定めることにする。闕所物奉行は仕事に支障を出さないように、入札参加の町人たちを特定の日に集める方法を上申せよと指示された。

⑥　闕所物奉行の間で評議したところ、落札の件につき大目付には伺いを立てた日を含めて四日以内に指示を出してほしい、ということになった。それが可能なら、関係各所には今まで通り聞きに来るように申し渡しておく。

右の伺いに対し、大目付は寛政三年一一月二六日付の「下ヶ札」で回答した。それには、闕所物奉行が落札の件で伺書を提出すれば、その翌日に指示を出す、落札者には家財見分から三日後に品物を引き渡し、闕所に処せられた者の屋敷より撤収せよ、と記されていた（役儀一四二）。

伺書の検討

以上、大目付と闕所物奉行とのやりとりで注目すべきは、①および④～⑥である。まず①について、天明三年七月一〇日、浅草御蔵番の小菅清吉が闕所に処せられた。これにより、大目付の久松定愷（さだたか）は闕所物奉行の服部四郎兵衛に、小菅の家財見分を翌一一日に行うように指示している。この指示に対して服部は難色を示し、見分の日取りを一二日に変更させた。久松が考えをあらためたのは、服部が、翌日に家財見分・入札を実施した

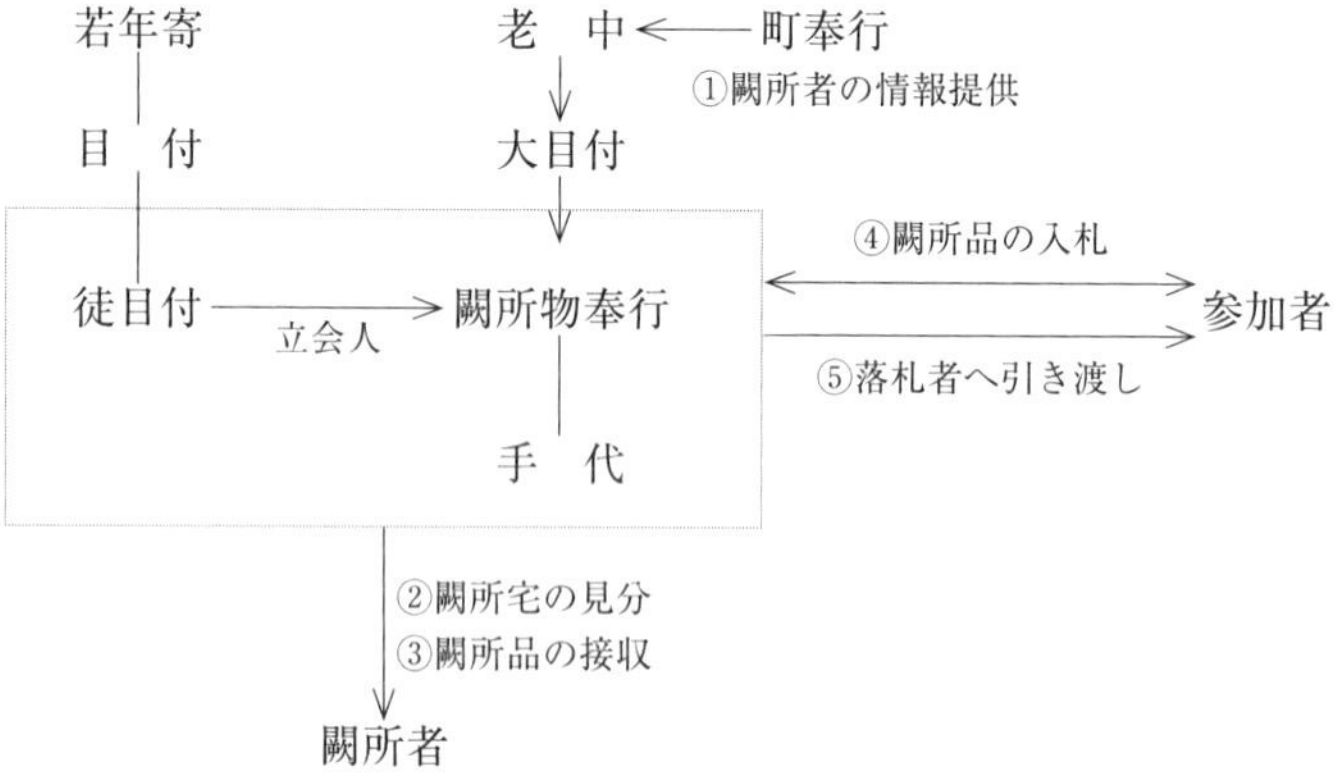

図20　闕所品の売却過程

ところ、町人への町触が周知されずうまくいかなかったことがある、と主張したからであった（「久松日記」天明三年七月一〇・一二・一三日の各条）。

一方、元代官の千種鐵十郎は寛政元年六月二六日に闕所に処せられた。同日、徒目付の山本庄左衛門は同僚より、二九日に実施される千種の家財見分に立ち会うように連絡をうけている（「闕所物立合一件」）。処分の確定から三日後に見分であれば、①と符合する。この点から①が慣例になったのは、天明三年七月より寛政元年六月に至る期間、それ以前は家財見分の実施日が定まっていなかった。

また、闕所物奉行は大目付より⑤の提案をうけ、⑥の件を上申する。⑥において算出した、大目付に伺書を提出してから四日以内という日数は、④の状況を考えての結論であろう。すなわちその日数は、闕所物奉行がそれまで、家財の所在を聞きに来た者たちに支障なく対応できていた期間であった。

活動場所

幕府の役職は、仕事上の拠点となる役所を持つ職と、持っていない職とにわけられる。闕所物奉行は後者に該当し、手代への指示などは奉行宅において行われた。一方、入札で売れ残った家財および闕所物奉行が仕事上で作成した書類のうち、現在使用されていないものは次の場所において管理されていた。

大目付は寛政元年一〇月付で若年寄の京極高久に文書を提出した。それによれば、闕所物奉行は明暦（めいれき）の大火（たいか）（一六五七年）が起こる以前、売れ残った家財などは常盤橋御門（＝千代田区）にある櫓（やぐら）に納めていた。大火後は、千駄ヶ谷（＝渋谷区）焔硝蔵囲内にある土蔵を収蔵場所にしている（役儀一四一）。それが同三年五月、闕所物奉行が大目付を介して京極に願い出た土蔵修復の件を契機とし、収蔵場所は浜御庭大手御門（＝浜離宮）にある櫓へと移された（役儀一四二）。

また、手代は幕府より組屋敷を与えられており、任じられた者はそこから奉行宅などへ出勤した。文化二年（一八〇五）九月、普請奉行は大目付を介して闕所物奉行に、組屋敷の来歴と坪数および使用状況について報告するように連絡した。これをうけて、闕所物奉行の小池定八が作成した報告書によれば、手代は元禄八年（一六九五）四月五日、本所吉岡町（＝墨田区）において組屋敷と敷地六四〇坪を与えられた。組屋敷は同一五年三月一四日、手代が現在も居住する深川入船町（＝江東区）へと移され、敷地八〇〇坪を与えられていたことが判明する（役儀一九一）。

辞職の手続と家格

辞職願

延享四年（一七四七）三月令の発令後、闕所物奉行の手代は、譜代と抱席の御家人により構成されるようになった。譜代あるいは抱席の手代が辞職を願い出ると、その手続はどのように進められたのか。文化三年（一八〇六）八月に辞職した抱席の金子友右衛門と、同一三年一二月に辞職した譜代の稲川銀次郎の事例とを比較して、その違いについてみてみよう（図21）。

［史料A］

御切米（きりまい）弐拾俵

弐人扶持（ぶち）

闕所物奉行組手代

金子友右衛門

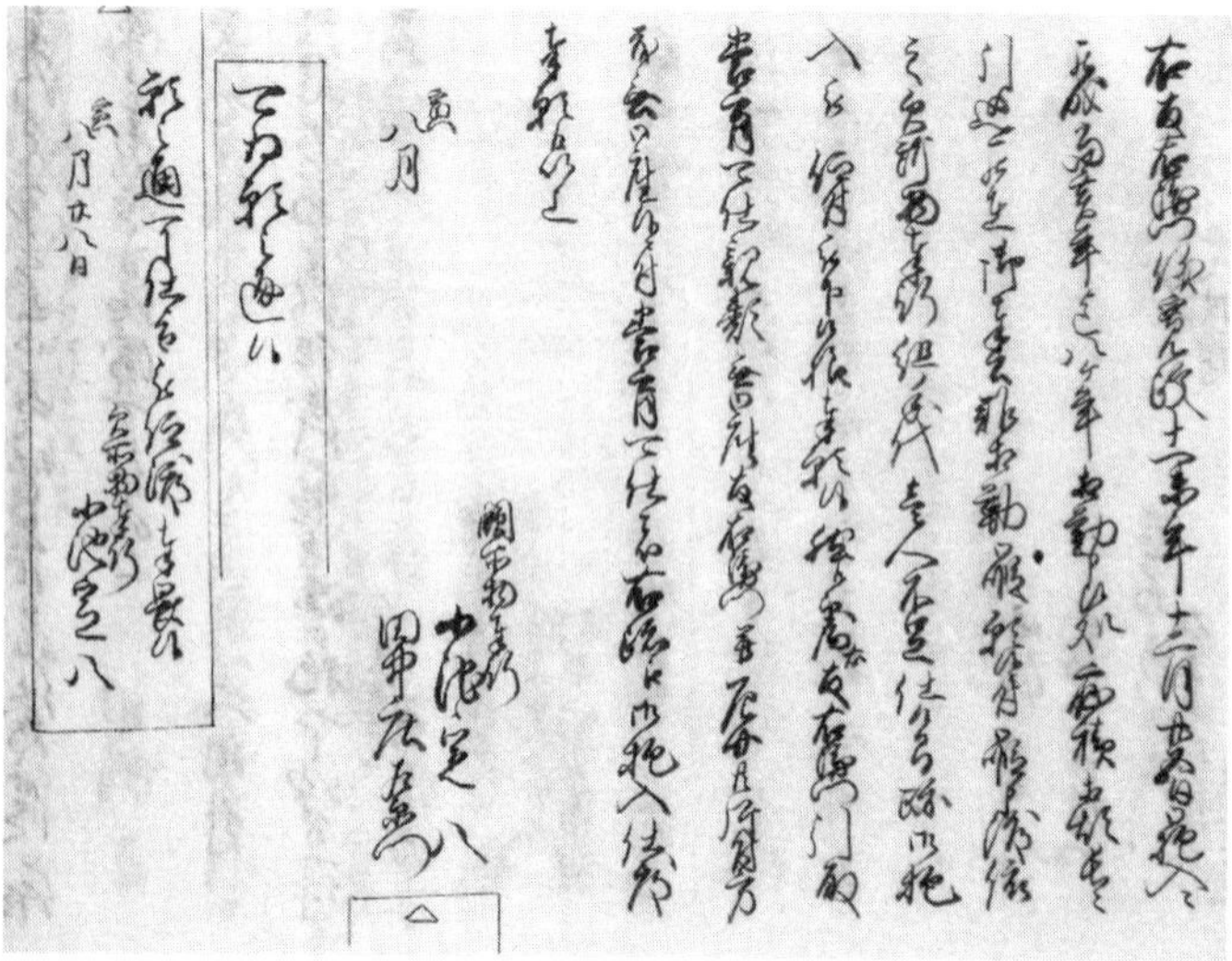

図21　袋廻シ留（古文書部分，埼玉県立文書館寄託）

寅四十七歳

右友右衛門儀、寛政十一未年十二月廿五日御抱え入りに罷り成り、当寅年迄八ヶ年相勤め申し候処、疝積相煩い長々引き込み罷り在り、御奉公相勤め難く御暇願い候に付き御暇申し渡す、これに依り欠所物奉行組手代壱人不足仕り候間、跡御抱え入れ仰せ付けられ下され候様願い奉り候、然る処、友右衛門引き取り養育仕るべき親類御座なく、友右衛門ならびに厄介とも片付け方も御座なく候に付き、養育仕るべき者右跡え御抱え入れ仕り度願い奉

り候、以上、

寅（とら）

八月

闕所物奉行

小池定八

田中庄左衛門

△

願いの通りたるべく候、

願いの通り仕るべき旨（むね）仰せ渡され畏（かしこ）み奉り候、

△　寅

闕所物奉行

八月廿八日

小池定八

史料Aは、闕所物奉行の小池定八と田中庄左衛門が文化三年八月付で大目付に提出した願書と、それに対する回答（＝付札）などからなる。願書によれば、手代の金子友右衛門が「疝積（せんしやく）」（＝胸や腹などが突然に痛み出すこと）を理由に辞職を願い出たので、闕所物奉行は暇を申し渡した。これにより、闕所物奉行は大目付に、①手代が一名不足しているので、後任を抱え入れてほしいこと、②友右衛門には、辞職後の自身を引き取って養育してくれるような親類がいないため、後任には友右衛門とその厄介などを養育できる者を抱え入れてほしいこと、の二点を願い出ている（役儀一九一）。

次に、闕所物奉行の田中庄左衛門と近藤勝平が文化一三年一一月付で大目付に提出した願書を取り上げる（役儀一六四）。

［史料B］

闕所物手代病気に付き小普請入り願い奉り候書付

闕所物奉行
近藤勝平組手代
稲川銀次郎

高弐拾俵弐人扶持　御譜代の者
内五俵半扶持御足高

右銀次郎儀、天明八申年八月廿七日、欠所物手代明き跡え小普請より御入り人仰せ付けられ、当子年迄弐十九ヶ年相勤め罷り在り候処、去る寅十一月中より病気に付き種々薬用療治仕り候処、今以て快気仕らず、末々御奉公相勤めるべき体御座なく候に付き、何卒小普請入り仰せ付けられ下し置かれ候様仕り度段相願い候に付き、銀次郎願いの通り仰せ付けられ候様仕り度、此の段願い奉り候、以上、

子十一月

闕所物奉行
田中庄左衛門
近藤勝平

右から闕所物奉行は大目付に、手代の稲川銀次郎が小普請入りを希望しているので、それを認めてほしいと願い出ている。

史料AとBを比較すると、史料Aにおいて闕所物奉行は、抱席の手代に暇を申し渡した後、大目付に後任を抱え入れてほしいと願い出た。一方、譜代の手代が辞職を願い出たBでは、闕所物奉行は自己の判断で小普請入りを申し渡すことはせず、大目付にその処理を任せている。

辞職願の上申

大目付は、闕所物奉行から受理した手代の辞職願をどのように処理していたのか。最初に掲げる史料Cは、大目付の井上利恭ほか三名が文化三年八月付で老中に提出した、金子友右衛門の辞職についての上申書とそれへの回答からな

る（役儀一九一）。

［史料C］

闕所物奉行組手代御暇ならびに跡御抱え入れの儀申し上げ候書付

大目付

欠所物奉行組手代

金子友右衛門

右友右衛門儀、寛政十一未年十二月廿五日御抱え入れに罷り成り、当寅年迄八ヶ年相勤め候処、当春中疝積差し発し腰痛強く、此節別して相勝れ申さず、全快仕り御奉公相勤めるべき体御座なく候に付き、御暇相願い候間、願いの通り申し渡し、右跡え御抱え入れ仰せ付けられ下され候様願い奉り候、然る所、右友右衛門儀、引き取り養育仕るべき親類御座なく候間、友右衛門ならびに厄介とも片付け方御座なく候に付き、養育仕るべき者右跡え御抱え入れ仕り度願い奉り候、以上、

闕所物奉行

寅　　小池定八

八月　　田中庄左衛門

右の通り闕所物奉行相願い候に付き、猶又吟味仕り候処、書面の通り御座候、これに依り申し上げ候、以上、

寅
八月

井上美濃守
伊藤河内守
神保佐渡守
中川飛騨守

願いの通りたるべく候、

上申書は、大目付が闕所物奉行から受理した願書（＝史料A）の文面を修正し、願い出は妥当であると奥書・連署した形式になっている。修正が施されたのは、闕所物奉行が大目付に、友右衛門に暇を申し渡し、後任を抱え入れるように願い出ている個所である。史料Aと比べると、闕所物奉行は友右衛門に暇を申し渡していないことになっている。

これに対して、大目付の井上ほか三名が文化一三年一一月付で老中に提出した、稲川銀次郎の辞職に関わる上申書は次の通りである（役儀一六四）。

〔史料D〕

欠所物奉行組手代病気小普請入りの儀申し上げ候書付　大目付

（史料Bと同文のため省略）

右の通り欠所物奉行相願い候に付き、猶又吟味仕り候処、書面の通り御座候、これに依り由緒書相添え此の段申し上げ候、以上、

子十一月

井上美濃守
中川飛驒守
水野主殿頭
曲渕甲斐守

史料Dの形式は、史料Cと大差ない。異なるのは、闕所物奉行が記した文面に修正が加えられていない、という点である。さらに、大目付は史料Dを老中に提出するとき、稲川家の由緒書を添えていた。その理由については、後で説明する。

辞職願の処理

最終的に、手代の辞職願はどのように処理されたのか。抱席の場合をみると、史料Cにおいて老中は、上申書に対して「願いの通りたるべく候」と付札した。これをうけて、大目付は闕所物奉行からの願い出（＝史料A）に対し、老中の見解（＝「願いの通りたるべく候」）を伝えた。そして闕所物奉行より、文化三年八月二八日付で「願いの通り仕（つかまつ）るべき旨（むね）仰せ渡され畏（かしこ）み奉（たてまつ）り候」との承付（うけたまわりづけ）（＝承知しましたという回答）を得ている。これにより、闕所物奉行は手代の金子友右衛門に暇を申し渡し（＝実際はすでに申し渡し済み）、その後任を抱え入れることが可能になった。

一方、譜代の場合をみると、老中は上申書（＝史料D）に回答を付けていない。その代わり、老中の松平信明が文化一三年一二月二七日に同朋頭の半田丹阿弥を介して、大目付の中川忠英に書付を渡している。書付には、稲川銀次郎の小普請入りを許可するので、その旨を同人に申し渡し、小普請組支配にも通知すること、と記されていた。そのため中川は、闕所物奉行の近藤勝平を呼び出して、稲川に小普請入りのことを伝えるように通知している（役儀一六四）。

右により、大目付は一二月二七日に小普請組支配の大嶋義徳へ、稲川の小普請入りについて問い合わせた。そして大嶋より、稲川の所属が決まる前に変事があれば、小普請組支配の月番に報告するように、との返書をもらっている。さらに、大目付は二九日、稲川の小普請入りを勘定奉行に連絡した。小普請入りにより、稲川への足高・足扶持（＝五俵半扶持）の支給を止めさせるためと思われる（役儀一六四）。

抱席の手代が辞職を願い出ると、その処理から後任の補充に至る手続は、一月以内に完了した。それに対して譜代の場合、願い出の処理を完了させるだけでも、一月以上を必要としていたことが判明する。

補充の手続と家格

抱席の補充手続

ある職に人を就けようとする場合、その手続は御家人の家格により相違した。文化三年（一八〇六）八月晦日、金子友右衛門の後任として、従弟の嘉兵衛が抱席の手代を勤めることになった。一方、譜代の手代であった稲川銀次郎の後任には同一四年四月六日、小普請組の三宅新三郎（＝譜代）が起用されている。両者を比較し、譜代と抱席の手代とで就職時の手続はどのように違うのか、明らかにしてみよう。

最初に、闕所物奉行の小池定八と田中庄左衛門が文化三年八月付で大目付に提出した伺書と、それに対する回答など取り上げる（役儀一九一）。

[史料E]

金子嘉兵衛
寅四十歳

右嘉兵衛儀、友右衛門従弟続きに御座候処、只今迄浪人にて罷り在り、筆算等も仕り人柄宜しく御奉公相勤めるべき者に御座候、尤も組一同ならびに友右衛門親類平岡美濃守家来村松又左衛門同様、友右衛門跡御抱え入れ罷り成り候様仕り度旨相願い候に付き、私共吟味仕り候処、右の通り御座候間、厄介者養育の為にも然るべく存じ奉り候間、右友右衛門跡御抱え入れ仕り度存じ奉り候、これに依り伺い奉り候、以上、

寅
八月

欠所物奉行
小池定八
田中庄左衛門

△

伺いの通り跡御抱え申し渡さるべく候、

伺いの通り金子嘉兵衛儀御抱え入れ

△仰せ渡され畏み奉り候、

寅　　　　欠所物奉行

八月晦日　　　小池定八

右から闕所物奉行は大目付に、①金子友右衛門の従弟である嘉兵衛は、筆算などができて人柄もよく、手代の仕事を勤められる人物である、②手代の同僚ならびに友右衛門の親類で側衆の平岡頼長の家来である村松又左衛門より、嘉兵衛を友右衛門の後任として抱え入れてほしい、との願い出があった、③手代たちの主張に相違なく、友右衛門とその厄介の養育を考えても、後任は嘉兵衛が望ましい、と伺いを立てている。

この伺いは、友右衛門への暇の申し渡しと後任の抱え入れを許可した老中の付札（＝史料C）にもとづき処理された。史料Eにおいて大目付は、受理した伺書に「伺いの通り跡御抱え申し渡さるべく候」と付札し、闕所物奉行に返却した。そして闕所物奉行より、八月晦日付の承付（うけたまわりづけ）を得ている。

後任選定の実態

「袋廻シ留」により、この他の例をみると、抱席の後任には抱席の者が選ばれ、その補充はおよそ一〇日以内に行われている。すぐさま補充されたのは、後任の者に辞職者とその家族の面倒をみさせるためであった。また抱席の後任を選ぶとき、重要な役割を担ったのが、同僚および史料Eの村松又左衛門のような推薦者である。推薦者には、辞職者の親類が選ばれた。同僚と推薦者は幕府に、後任として辞職者の悴や弟などの近親を推挙・起用させている。後任の手代を抱え入れる際、その目星は同僚および推薦者が付けていた。

この問題を闕所物奉行の側からみれば、辞職の願い出を許可しても、すぐに後任が見つかることはわかっていた。そのため職務に支障が出ることもなく、願い出た手代には暇を申し渡していた。ただし切米（きりまい）の支給対象については、老中の許可のもと大目付に、勘定方の役人衆と掛け合ってもらい、辞職者から後任の者へと変更する必要があった（役儀一九一）。したがって闕所物奉行は、大目付に老中への上申を願い出て、正式に辞職の手続を進めなければならなかった。

由緒書提出の意味

切米支給に関わる手続が完了すると、抱席の手代は、正式に辞職者から後任の者へと交代する。これにより、大目付は文化三年九月一八日、目付の土屋廉直に書付を渡した。書付には、老中の指示にもとづき手代の金子友右衛門に暇を申し渡したこと、後任として従弟の嘉兵衛を抱え入れたこと、の二点を由緒掛の目付に報告する、と記されている（役儀一九二）。

一方、史料Dにおいてみたように、譜代の手代が小普請入りを願い出ると、大目付はそのことを老中に上申した。そのとき、上申書には辞職者の由緒書が添えられていた。由緒書には、①稲川銀次郎の元高・足高・本国・生国・年齢・履歴、②高祖父・曾祖父・祖父・養父の事績、③祖父から銀次郎に至り、遠慮・逼塞・閉門などの処分をうけた者は存在しないこと、が記されている（役儀一六四）。

御家人の家格により幕府に由緒書を提出するかどうか、という点は、当人の就職事情に大きく関係した。すなわち、当人がある職に就き、そこから出世できるかどうかは、当人の能力によるところが大きい。しかしその能力を示すための就職には、先祖が幕府に対してどれだけの勤功を積んでいたか、という点が重要であった。たとえ当人に能力があろうとも、親に問題があるなら就職は難しい、というのが幕府の人事政策の特色である。由緒書における②と③は、そのことをよく示している。とりわけ③により、自身が幕府から処分をうけると、その子や孫の就職にまで影響が出ていたことがうかがえる。

以上のような人事システムであったため、幕府にとって、当人の就職や辞職のたびに由緒書を提出させることは、きわめて重要であった。この点を、御家人の家格問題と関連づけると、譜代の者はれっきとした武家であり、当人の就職に先祖の勤功は関係した。これに対して抱席の場合、辞職者の近親が後任に起用され、一見、世襲のようにみえたとしても、幕府から一代限りで抱え入れられた存在であることに変わりはない。当人の功績はあくまで当人のものであり、それが次代に引き継がれることはない。そのため、抱席の者は辞職の際、譜代の者のように由緒書を提出しなかった。

譜代の補充手続

一方、譜代の者を手代に起用する場合、その手続はどうであったか。次に掲げる史料Fからみてみよう（役儀一六四）。

［史料F］

欠所物奉行組手代御入り人(いりびと)の儀(ぎ)申し上げ候(そうろう)書付　大目付

闕所物奉行
近藤勝平組手代

稲川銀次郎

右銀次郎儀病気に付き、此の度願いの通り小普請入り仰せ付けられ候に付き、右明き跡え御入り人の儀仰せ付けられ下され候様仕り度願い奉り候、以上、

欠所物奉行

丑正月　田中庄左衛門

近藤勝平

右の通り闕所物奉行相願い候に付き、此の段申し上げ候、以上、

丑正月　井上美濃守

中川飛驒守

水野主殿頭

曲渕甲斐守

石谷周防守

史料Fによれば、闕所物奉行の田中庄左衛門と近藤勝平は文化一四年正月付で大目付に、手代の稲川銀次郎が小普請入りしたので、その後任を補充してほしい、と願い出た。そのため、大目付の井上利恭ほか四名は同月付で老中に、闕所物奉行からの願い出を上申して

いる。

これにより、老中は小普請組支配に、手代に空きができたことを連絡した。小普請組支配は、組ごとに手代への就職が望ましいと考える者を老中に推挙し、老中は推薦をうけた最大八名のなかから、一名を起用することになる。

この結果、老中の酒井忠進は四月六日、同朋頭の半田丹阿弥を介して、大目付の中川忠英に書付を渡した。書付には、①小普請組支配の諏訪頼存組の三宅新三郎に、手代に就くように申し渡したので、在職中は三宅に足高・足扶持を支給する、②三宅が手代になることを小普請組支配に知らせておくように、と記されている（役儀一六四）。

これをうけて、中川は小普請組支配に書付のことを知らせた。小普請組支配はそのことを、世話役を介して三宅に伝えている。以上により、三宅は諏訪組の世話役であった永井亀次郎を引き連れ、中川宅を訪ねた。中川は自宅に闕所物奉行の近藤を呼び寄せ、書付の趣旨を申し渡し、三宅を引き渡した（役儀一六四）。

譜代と抱席の違い

これまでの検討にもとづきつつ、譜代と抱席との違いをみれば、次の三点を指摘することができる。

一は、辞職者とその後任の家格である。譜代の稲川銀次郎の後任には、小普請組の三宅新三郎が起用された。同様に、小池権九郎が文化二年一二月二二日に辞職したとき、後任として小普請組の鈴木助三郎が翌年三月一九日に起用されている（役儀一五一）。この点から、譜代の者が就いた枠は以後、たとえ抱席の者が勤めるべき職であろうとも、譜代のものになっていた。

二は、後任の補充に要した期間である。抱席の場合、辞職者の後任はおよそ一〇日以内に補充されていた。これに対して譜代では、稲川より三宅への交代で四ヵ月、小池より鈴木への交代で三ヵ月ほどかかっている。理由だが、譜代の者は辞職を認められても、すぐに小普請入りできたわけではない。大目付と小普請組支配との間で、辞職後の所属先について決めてもらう必要があった。加えて後任の選定についても、抱席のように目星が付いているわけでもなく、これらの手続が完了後、初めて開始されたからである。

三は、辞職と後任の補充についての手続と家格との関連性である。すなわち、家格が譜代か抱席かで、手代を辞職するときの手続など相違した。その一方で、譜代の御家人が勤めるべき闕所物奉行に譜代の者が起用される場合と、手代に譜代の者が起用される場合をも比較した。拙著『江戸幕府大目付の研究』（吉川弘文館）においても指摘したが、両者には由緒書の提出および辞職時の小普請入りの手続などで、共通する点が多くみられる。

この点から、御家人が就職あるいは辞職するときの手続は、職ではなくその家格にもとづき定められていたと考えられる。

人事の本質──エピローグ

本書では、五代将軍の綱吉より一二代の家慶までの、幕府の人事制度について検討した。その結果、幕府の人事制度は、吉宗が八代将軍・大御所であったとき、松平定信が老中であったときの二度、大きな変更があったといえる。これまで述べてきたことを整理して、結びに代えたい。

制度の根幹

最初に、譜代の家格を有する御家人が、旗本が勤めるべき職に就くと旗本へ昇進し、抱席の家格を有する御家人が、譜代の者が勤めるべき職に就くと譜代へと昇格していた。それが、享保三年（一七一八）二月付と同七年六月付の法令により、抱席の者は譜代への昇格を制限されることになる。抱席の者は、譜代の者が勤めるべき職に就いても、「御譜代同意」の申し渡しをうけなければ、譜代に昇格することはできなくなった。

さらに、幕府は享保一八年一二月付の法令で、職歴のない譜代の御家人を、旗本が勤めるべき職に推薦することを禁止した。そのうえで、幕府は延享四年（一七四七）三月付の法令において、譜代の者に職歴を付けさせることにした。すなわち、それまで禁止していた、抱席の者が勤めるべき職に就くことを許可している。

次に、幕府は寛政三年（一七九一）一二月付で、家格令と称される法令を出した。それは、「永々　御目見以上」の申し渡しと「引き下げ勤め」という二つの規定からなる。前者は、旗本に昇進した当人かその息子が申し渡しをうけなければ、以後、孫の代から御家人の身分に戻る、というものである。後者では、旗本に職歴を付けさせるため、それまで禁止していた、譜代の御家人が勤めるべき職に就くことを認めている。

以上、幕府の人事制度について概括すれば、吉宗期は御家人、定信期は旗本のことで大きな変更があった。吉宗期の幕府は、抱席の御家人が譜代に昇格するのを制限し、譜代の者には、抱席の者が勤めるべき職に就くことを許可した。一方、定信期の幕府は、譜代の御家人が旗本に昇進するのを制限し、旗本には、譜代の者が勤めるべき職に就くことを認めている。

右から、吉宗期の幕府は抱席よりも譜代の御家人、定信期は譜代の者よりも旗本と、つねに上位に位置する存在を優遇した。その理由だが、旗本あるいは譜代の者のなかに、職に就けない者が存在したからである。しかし一方で、幕府は御家人より旗本への昇進といった、自己を上位の存在へと上昇させる可能性を、決して絶とうとしなかった。それを行えば、下位に位置する者たちの、職務への意欲を失わせてしまうからである。

この方針は、人事の仕組みがどのように変わろうとも維持された。それが、幕府の人事制度を支える根幹であったからである。

人の使い方

幕府は、就職あるいは辞職する旗本および譜代の御家人に、由緒書を提出するように指示を出した。これは、彼らの幕府への勤功を把握するためである。その理由について、勤功は本人だけの問題にとどまらなかった。彼らの息子や孫の就職にも大きく関係したのである。

なお、就職してどこまで出世できるのか、それは運をも含めて本人の能力による。しかし、出世をつかむための就職について、祖父や父の努力がなければ、その機会は巡ってこない。父親の活躍があれば、未だ家督を相続していない部屋住の者であっても、就職して出世をかさねることは可能であった。

その一方で、「山流し」とも揶揄された甲府勤番に任じられ、家として出世ルートから外された者も存在した。一度、甲府に飛ばされてしまうと、江戸への返り咲きは困難であった。このことが、甲府勤番の堀内氏有のように一発逆転を狙い、詐欺を働く者を出現させる一因になったといえる。

氏有の不法について、幕府は最初、幕府の利益になりえると判断し、黙認していた。しかし、不法によって生じる支障が幕府へもたらす利益よりも大きくなると、すぐさま氏有を処分した。不法であっても、幕府の利益になるのであれば黙認し、当人を切り捨てるための口実にする。そして、支障があれば口実にもとづいて当人を処分する、というのが幕府人事の一面であった。

最後に、本人が努力しなければ、出世することはできない。しかし、努力したからといって、出世できるとも限らない。親の勤功など、就職にあたっての基準はあるものの、厳格に適用されることはない。江戸幕府という組織において、人事は、そのときどきの政治や社会の状況に左右されていた。

ただし、幕府は有能とみなした者は、とにかく出世させる傾向にあった。そのため、どれだけ制度を変えようと、有能な者を引き上げる仕組みは維持された。これにより、破格の出世を遂げる者が出現すれば、他者にとっての励みになった。

努力しても、報われるかどうかわからない。しかし、自身だけでなく息子や孫の就職のためにも、努力し続けなければならない。以上の人事システムを構築し、幕府は旗本や御家人たちを、就職および精勤へと向かわせることができたのである。

あとがき

筆者が旗本や御家人という存在そのものに興味を持ったのは、本書でも引用した「袋廻シ留」という史料に出会ってからである。詳しくは、本書の「一つの職に異なる存在」という章を読んでほしいが、この史料には、闕所物奉行が大目付に提出した手代の辞職願などが収録されている。それを読んだとき、最初、なぜ辞表に二通りの形式があるのか、理解できなかった。知っていたのは、闕所物奉行は御家人が務める職であること、唯一わかったのは、「譜代の者と肩書される辞職者がいること」である。そこでようやく、御家人という存在を『国史大辞典』（吉川弘文館）で引いてみて、彼らは譜代や抱席といった家格により区分されていたことを理解した。

その後、御家人の家格と辞職願の形式に関わる問題は、「江戸幕府御家人の任用制と役職構造」という題名で、『論集きんせい』第三〇号（二〇〇八年）に掲載していただいた。

掲載にあたっては、査読というものが存在する。筆者にとって幸運であったのは、査読した方がとにかく親切であった、という点である。この論文は、『御触書寛保集成』第〇〇号……などの史料を組み込んで書き直せばよいものになるなど、とにかく丁寧かつ具体的な指摘をいただいた。教えていただいた史料は十数点にのぼるであろうか、それを機に御家人の家格と就職に関わる法令を読むようになり、本書の下地を作ることができた。

さらに、右の論文をきっかけとして、現在も進行中である八王子市の市史編さん事業に加えて頂いたのも幸運であった。江戸時代、現在の八王子市域を中心として、多摩には千人同心と称される御家人が存在した。彼らについて語る史料は、現在も大量に残されている。その史料を、地域史などを専門とする者が読むのではなく、御家人に関わる法令でも研究している者に読ませれば、従来とは異なる見解も出てくるのではないか。以上の理由で、近世部会の委員長を務める藤田覚先生にお声をかけていただいた。万事に飽きっぽい筆者が、旗本や御家人について考え続けることができるのも、先生のお陰である。

また、本書を執筆するうえで、本間修平先生のゼミで幕府の役職制度について勉強していたことも、大きな助けとなった。さらに、私が大目付、先生が目付について研究していることもあり、先生が翻刻・出版を担当された『問答集』第八（創文社、二〇〇六年）の校正作業にも関わらせていただいた。本書のプロローグで使用した、直参についての史料にも出会うことができた。なお、先生との勉強会は現在も、中央大学での共同研究「江戸幕府役職制度の研究」として継続中である。本書は、先生との勉強会での成果の一環ともいえよう。

この他、本書では多くの図版を使用している。本書の刊行は、掲載を快諾してくださった各研究機関の皆様に支えられている。なかでも、湯之奥金山について多くの画像データを提供してくださった甲斐黄金村・湯之奥金山博物館の皆様、「袋廻シ留」の所蔵者である稲生様、稲生様との仲介の労をとって頂いた埼玉県立文書館の皆様には、厚くお礼を申し上げたい。

なお、本書の刊行にあたっては、吉川弘文館編集部の石津輝真さんと並木隆さんにお世話になった。石津さんとは、前著『江戸幕府大目付の研究』（吉川弘文館、二〇一一年一一月）を刊行後、今後は四年に一冊ぐらいのペースで著作を発表していきたい、と話し合っていた。今回、ぎりぎりその約束を果たすことができ、正直ほっとしている。また、本書のような一般書を書くことは、筆者にとって初めての経験である。そのため、執筆後も文体はこれでよいのかなど悩むことが多く、校正を返す時期も遅くなってしまった。それでもスケジュール通りに刊行できたのは、ひとえに並木さんのお陰である。

同様に、本書を完成させることができたのは、中央大学大学院の吉岡誠也さんと牧野望美さんに原稿を読んでもらい、色々とアドバイスをいただけたからである。面倒な仕事を引き受けてくれた二人の厚情に感謝したい。

また、最後になりますが、拙い本書を読み進めていただいた読者の皆様、本当にありがとうございました。

二〇一五年八月

山本英貴

参考文献

未刊行史料

国立公文書館所蔵「江戸幕府日記」、請求番号一六〇―〇一三六・二五七―〇〇八

国立公文書館所蔵「柳営日次記」、請求番号一六四―〇〇一七、一六四―〇〇四二

国立公文書館所蔵「柳営録」、請求番号一六四―〇〇四四

国立公文書館所蔵「久松日記」、請求番号一六五―〇〇四九

国立公文書館所蔵「井上日記」、請求番号一六五―〇〇七八

国立公文書館所蔵「廻状留」、請求番号一八一―〇〇〇一

埼玉県立文書館所蔵『稲生家文書』所収「袋廻シ留」役儀一四一・一四二・一五〇・一五一・一六四・一九一

東京大学史料編纂所所蔵「公務愚案」（写真帳）、請求番号六一五一・一一―二

東京大学史料編纂所所蔵『蒲堂叢書』所収「秘録」一〇、請求番号四二〇一―三―一〇

山梨県立博物館所蔵『頼生文庫』所収「甲府御用留」、請求番号H〇九三・一―四五、五一

刊行史料

青木美智男『決定版　番付集成』柏書房、二〇〇九年

朝倉治彦・中村幸彦・野間光辰・森銑三「よしの冊子」二『随筆百花苑』八、中央公論社、一九八〇年
石井良助・高柳真三『御觸書寛保集成』岩波書店、第三刷、一九七六年
石井良助・高柳真三『御觸書宝暦集成』岩波書店、第三刷、一九七六年
石井良助・高柳真三『御觸書天明集成』岩波書店、第三刷、一九七六年
石井良助・高柳真三『御觸書天保集成』岩波書店、第三刷、一九七七年
市古貞次・堤精二・森末義彰『増補版国書総目録』一～八巻、岩波書店、二〇〇一～〇二年
岩沢愿彦・斎木一馬『徳川諸家系譜』一～四巻、続群書類従完成会、一九七〇～八四年
岡山泰四・斎木一馬・高柳光寿『新訂寛政重修諸家譜』一～二二巻、続群書類従完成会、一九六四～六六年
家世実紀刊本編纂委員会『会津藩家世実紀』一二、吉川弘文館、一九八六年
京都大学日本法史研究会編「吟味物口書一件」『近世法制史料集』四、創文社、一九七七年
黒板勝美『徳川実紀』九篇・一〇篇、吉川弘文館、一九七六年
国史大辞典編集委員会「旗本・御家人」『国史大辞典』一一、吉川弘文館、一九九〇年
国書刊行会「吏徴」『続々群書類従』七・法制部、続群書類従完成会、一九六九年
史籍研究会「教令類纂」初集・二、二集・三『内閣文庫所蔵史籍叢刊』二二・二六、汲古書院、一九八二～八三年
史籍研究会「憲教類典」二・五『内閣文庫所蔵史籍叢刊』三八・四一、汲古書院、一九八四年
史籍研究会「諸事留」二『内閣文庫所蔵史籍叢刊』八六、汲古書院、一九八八年

史籍集覧研究会「明良帯録」『改訂史籍集覧』一一、すみや書房、一九六七年
神宮司庁「闕所物立合一件」『古事類苑』法律部二、古事類苑刊行会、一九三三年
東京大学史料編纂所『柳営補任』一・二、東京大学出版会、一九六三年
日本随筆大成編輯部「蜑の焼藻の記」『日本随筆大成』二期・二二巻、吉川弘文館、一九七四年
日本随筆大成編輯部「賤のをだ巻」『日本随筆大成』三期・四巻、吉川弘文館、一九七七年
深井雅海・藤實久美子『江戸幕府役職武鑑編年集成』一一、東洋書林、一九九七年
本間修平「諸心得留」・「諸向問合御附札済之写」『諸心得留・諸心得問合挨拶留・諸向聞合書・諸向問合御附札済之写』問答集八、創文社、二〇〇六年
松浦静山『甲子夜話』一、平凡社、一九七七年
松平定信著・松平定光校訂『宇下人言・修行録』岩波書店、第七刷、一九八三年
森山孝盛『自家年譜　森山孝盛日記』上〜下、国立公文書館内閣文庫、一九九四〜九五年
湯之奥金山遺跡学術調査団「門西家文書」『湯之奥金山遺跡の研究』一九九二年

著書・論文

小川恭一『徳川幕府の昇進制度—寛政十年末　旗本昇進表—』岩田書院、二〇〇六年
菊地謙二郎「松平定信入閣事情」『史学雑誌』二六‐一、一九一五年
北原　進『江戸の高利貸—旗本・御家人と札差—』吉川弘文館、二〇〇八年
五味文彦・佐藤信・高埜利彦・鳥海靖『詳説日本史研究』（改訂版）山川出版社、二〇〇八年

高澤憲治『松平定信政権と寛政改革』清文堂出版、二〇〇八年
高柳金芳『江戸時代御家人の生活』雄山閣出版、一九六六年
竹内　誠「解題」『日本都市生活史料集成』二・三都篇Ⅱ、学習研究社、一九七七年
竹内　誠『寛政改革の研究』吉川弘文館、二〇〇九年
橋本佐保「寛政改革期における小普請組の制度改革」『史苑』七三、二〇一三年
深井雅海『綱吉と吉宗』吉川弘文館、二〇一二年
藤井讓治『幕藩領主の権力構造』岩波書店、二〇〇二年
藤田　覚『田沼意次―御不審を蒙ること、身に覚えなし―』ミネルヴァ書房、二〇〇七年
藤田　覚『田沼時代』吉川弘文館、二〇一二年
本間修平「徳川幕府奥右筆の史的考察」『法と権力の史的考察』創文社、一九七七年
松平太郎『校訂江戸時代制度の研究』柏書房、一九六六年
山本英貴『江戸幕府大目付の研究』吉川弘文館、二〇一一年
山本英貴「田沼時代興利策の残影―甲府勤番堀内粂之丞氏有の鉱山開発を事例として―」『東京大学史料編纂所研究紀要』二〇、二〇一〇年
山本英貴「八王子千人頭・同心の身分について―近世前・中期を中心に―」『八王子市史研究』三、二〇一三年

著者紹介

一九七九年、山口県に生まれる

二〇一〇年、中央大学大学院文学研究科日本史学専攻博士後期課程修了、博士（史学）

現在、帝京大学総合教育センター専任講師

主要著書・論文

『江戸幕府大目付の研究』（吉川弘文館、二〇一一年）

「一九世紀初頭の幕藩関係—留守居一件を素材として—」（『史学雑誌』第一二一編第九号、二〇一二年）

「領知判物・朱印状の作成と殿中儀礼—家慶期を事例として—」（『古文書研究』第七十四号、二〇一二年）

歴史文化ライブラリー

410

旗本・御家人の就職事情

二〇一五年（平成二十七）十月一日　第一刷発行

著　者　山本英貴（やまもとひでき）

発行者　吉川道郎

発行所　株式会社 吉川弘文館

東京都文京区本郷七丁目二番八号

郵便番号一一三—〇〇三三

電話〇三—三八一三—九一五一〈代表〉

振替口座〇〇一〇〇—五—二四四

http://www.yoshikawa-k.co.jp/

印刷＝株式会社 平文社

製本＝ナショナル製本協同組合

装幀＝清水良洋・宮崎萌美

ISBN978-4-642-05810-0

歴史文化ライブラリー

1996. 10

刊行のことば

現今の日本および国際社会は、さまざまな面で大変動の時代を迎えておりますが、近づきつつある二十一世紀は人類史の到達点として、物質的な繁栄のみならず文化や自然・社会環境を謳歌できる平和な社会でなければなりません。しかしながら高度成長・技術革新にともなう急激な変貌は「自己本位な刹那主義」の風潮を生みだし、先人が築いてきた歴史や文化に学ぶ余裕もなく、いまだ明るい人類の将来が展望できていないようにも見えます。このような状況を踏まえ、よりよい二十一世紀社会を築くために、人類誕生から現在に至る「人類の遺産・教訓」としてのあらゆる分野の歴史と文化を「歴史文化ライブラリー」として刊行することといたしました。

小社は、安政四年（一八五七）の創業以来、一貫して歴史学を中心とした専門出版社として書籍を刊行しつづけてまいりました。その経験を生かし、学問成果にもとづいた本叢書を刊行し社会的要請に応えて行きたいと考えております。

現代は、マスメディアが発達した高度情報化社会といわれますが、私どもはあくまでも活字を主体とした出版こそ、ものの本質を考える基礎と信じ、本叢書をとおして社会に訴えてまいりたいと思います。これから生まれでる一冊一冊が、それぞれの読者を知的冒険の旅へと誘い、希望に満ちた人類の未来を構築する糧となれば幸いです。

吉川弘文館

歴史文化ライブラリー

近世史

- 神君家康の誕生 東照宮と権現様——曽根原 理
- 江戸の政権交代と武家屋敷——岩本 馨
- 江戸御留守居役 近世の外交官——笠谷和比古
- 検証 島原天草一揆——大橋幸泰
- 大名行列を解剖する 江戸の人材派遣——根岸茂夫
- 江戸大名の本家と分家——野口朋隆
- 赤穂浪士の実像——谷口眞子
- 〈甲賀忍者〉の実像——藤田和敏
- 江戸の武家名鑑 武鑑と出版競争——藤實久美子
- 武士という身分 城下町萩の大名家臣団——森下 徹
- 旗本・御家人の就職事情——山本英貴
- 武士の奉公 本音と建前 江戸時代の出世と処世術——高野信治
- 宮中のシェフ、鶴をさばく 江戸時代の朝廷と庖丁道——西村慎太郎
- 馬と人の江戸時代——兼平賢治
- 江戸時代の孝行者 「孝義録」の世界——菅野則子
- 死者のはたらきと江戸時代 遺訓・家訓・辞世——深谷克己
- 近世の百姓世界——白川部達夫
- 江戸の寺社めぐり 鎌倉・江ノ島・お伊勢さん——原 淳一郎
- 宿場の日本史 街道に生きる——宇佐美ミサ子
- 〈身売り〉の日本史 人身売買から年季奉公へ——下重 清
- 江戸の捨て子たち その肖像——沢山美果子
- 歴史人口学で読む江戸日本——浜野 潔
- それでも江戸は鎖国だったのか オランダ宿日本橋長崎屋——片桐一男
- 江戸の文人サロン 知識人と芸術家たち——揖斐 高
- 江戸と上方 人・モノ・カネ・情報——林 玲子
- エトロフ島 つくられた国境——菊池勇夫
- 災害都市江戸と地下室——小沢詠美子
- 浅間山大噴火——渡辺尚志
- アスファルトの下の江戸 住まいと暮らし——寺島孝一
- 江戸時代の医師修業 学問・学統・遊学——海原 亮
- 江戸の流行り病 麻疹騒動はなぜ起こったのか——鈴木則子
- 江戸幕府の日本地図 国絵図・城絵図・日本図——川村博忠
- 江戸城が消えていく 『江戸名所図会』の到達点——千葉正樹
- 都市図の系譜と江戸——小澤 弘
- 江戸の地図屋さん 販売競争の舞台裏——俵 元昭
- 近世の仏教 華ひらく思想と文化——末木文美士
- 江戸時代の遊行聖——圭室文雄
- 幕末民衆文化異聞 真宗門徒の四季——奈倉哲三
- 江戸の風刺画——南 和男
- 幕末維新の風刺画——南 和男
- ある文人代官の幕末日記 林鶴梁の日常——保田晴男

歴史文化ライブラリー

幕末の世直し 万人の戦争状態 — 須田 努
幕末の海防戦略 異国船を隔離せよ — 上白石 実
江戸の海外情報ネットワーク — 岩下哲典
黒船がやってきた 幕末の情報ネットワーク — 岩田みゆき
幕末日本と対外戦争の危機 下関戦争の舞台裏 — 保谷 徹

古代史

邪馬台国 魏使が歩いた道 — 丸山雍成
日本語の誕生 古代の文字と表記 — 沖森卓也
日本国号の歴史 — 小林敏男
古事記のひみつ 歴史書の成立 — 三浦佑之
日本神話を語ろう イザナキ・イザナミの物語 — 中村修也
東アジアの日本書紀 歴史書の誕生 — 遠藤慶太
〈聖徳太子〉の誕生 — 大山誠一
聖徳太子と飛鳥仏教 — 曾根正人
倭国と渡来人 交錯する「内」と「外」 — 田中史生
大和の豪族と渡来人 葛城・蘇我氏と大伴・物部氏 — 加藤謙吉
白村江の真実 新羅王・金春秋の策略 — 中村修也
古代豪族と武士の誕生 — 森 公章
飛鳥の宮と藤原京 よみがえる古代王宮 — 林部 均
古代出雲 — 前田晴人
エミシ・エゾからアイヌへ — 児島恭子
古代の皇位継承 天武系皇統は実在したか — 遠山美都男
持統女帝と皇位継承 — 倉本一宏
古代天皇家の婚姻戦略 — 荒木敏夫
高松塚・キトラ古墳の謎 — 山本忠尚
壬申の乱を読み解く — 早川万年
家族の古代史 恋愛・結婚・子育て — 梅村恵子
万葉集と古代史 — 直木孝次郎
地方官人たちの古代史 律令国家を支えた人びと — 中村順昭
古代の都はどうつくられたか 中国・日本・朝鮮・渤海 — 吉田 歓
平城京に暮らす 天平びとの泣き笑い — 馬場 基
平城京の住宅事情 貴族はどこに住んだのか — 近江俊秀
すべての道は平城京へ 古代国家の〈支配の道〉 — 市 大樹
都はなぜ移るのか 遷都の古代史 — 仁藤敦史
聖武天皇が造った都 難波宮・恭仁宮・紫香楽宮 — 小笠原好彦
悲運の遣唐僧 円載の数奇な生涯 — 佐伯有清
遣唐使の見た中国 — 古瀬奈津子
古代の女性官僚 女官の出世・結婚・引退 — 伊集院葉子
平安朝 女性のライフサイクル — 服藤早苗
平安京のニオイ — 安田政彦
平安京の災害史 都市の危機と再生 — 北村優季
天台仏教と平安朝文人 — 後藤昭雄

歴史文化ライブラリー

歴史文化ライブラリー

読みにくい名前はなぜ増えたか――佐藤 稔
数え方の日本史――三保忠夫
大相撲行司の世界――根間弘海
武道の誕生――井上 俊
日本料理の歴史――熊倉功夫
吉兆 湯木貞一 料理の道――末廣幸代
アイヌ文化誌ノート――佐々木利和
流行歌の誕生 「カチューシャの唄」とその時代――永嶺重敏
話し言葉の日本史――野村剛史
日本語はだれのものか――川口 良／角田史幸
「国語」という呪縛 国語から日本語へ、そして○○語へ――川口 良／角田史幸
柳宗悦と民藝の現在――松井 健
遊牧という文化 移動の生活戦略――松井 健
薬と日本人――山崎幹夫
マザーグースと日本人――鷲津名都江
金属が語る日本史 銭貨・日本刀・鉄炮――齋藤 努
ヒトとミミズの生活誌――中村方子
書物に魅せられた英国人 フランク・ホーレーと日本文化――横山 學
災害復興の日本史――安田政彦
夏が来なかった時代 歴史を動かした気候変動――桜井邦朋

民俗学・人類学

日本人の誕生 人類はるかなる旅――埴原和郎
倭人への道 人骨の謎を追って――中橋孝博
神々の原像 祭祀の小宇宙――新谷尚紀
女人禁制――鈴木正崇
民俗都市の人びと――倉石忠彦
鬼の復権――萩原秀三郎
山の民俗誌――湯川洋司
雑穀を旅する――増田昭子
川は誰のものか 人と環境の民俗学――菅 豊
名づけの民俗学 地名・人名はどう命名されてきたか――田中宣一
番と衆 日本社会の東と西――福田アジオ
記憶すること・記録すること 聞き書き論ノート――香月洋一郎
番茶と日本人――中村羊一郎
踊りの宇宙 日本の民族芸能――三隅治雄
日本の祭りを読み解く――真野俊和
柳田国男 その生涯と思想――川田 稔
海のモンゴロイド ポリネシア人の祖先をもとめて――片山一道

各冊一七〇〇円～一九〇〇円（いずれも税別）
▽残部僅少の書目も掲載してあります。品切の節はご容赦下さい。